AF409603

DESTIN DE FEMMES

Tome 2

RUPHIA

La lune ira dire

BETS MBANA

Remerciements

A Pascaline BIDOUNG, Présidente de la commission "Droits des Femmes" d'Auvergne, qui a eu l'idée, en 2016, de m'inviter en tant qu'artiste dans le cadre des journées de la femme. Les échanges que nous avons eus autour du film et autres projections ce jour-là, m'ont donné l'envie d'écrire ce livre.

A toutes les femmes !

Puissent-elles œuvrer et conquérir définitivement ce qui leur revient de droit en tant qu'être humain à part entière : le respect, la dignité et la reconnaissance !

A ma famille.

Histoire inspirée de faits réels. Les noms des personnages et des lieux ont été modifiés.

Table des matières

Prologue

Elle s'appelait Ruphia. Elle était institutrice. Le premier jour de la rentrée, c'est elle qui, dans l'immense cour de l'école des filles, entonnait l'hymne national.

Tout le monde était sous le charme de cette voix envoûtante, fluette et bien en accord avec chaque mot prononcé. Mais ce n'était pas seulement sa voix. Sa beauté aurait intéressé plus d'un philosophe de l'art.

Les rentrées de classe se passaient toujours ainsi. Chaque élève ne souhaitant qu'une chose : avoir Madame Ruphia, comme enseignante. Cette année là, c'est ma classe qui reçut la palme.

Deux jours après la rentrée, ce matin là, grande stupeur dans la classe de CE1. L'air préoccupé, les élèves regardent avec insistance Madame Ruphia. Je me détache du groupe et m'approche d'elle :

- Madame, vous vous êtes fait très mal à l'œil ! Vous avez mal ?

- Non ! Je me suis cognée en venant ici. J'étais pressée. Dit-elle à voix haute.

- Assia !

Je reviens m'asseoir. Nous sommes tous rassurés.

Mais au fil du temps, nous constatons que Madame Ruphia se cogne régulièrement contre la porte. Il ne se passe de semaine, sans qu'elle se présente à l'école, le visage tuméfié.

- Madame, vous ne pouvez pas dire à votre mari de changer la porte ? Celle-là n'est pas bonne pour vous. Lui dit un jour une camarade.

Six mois plus tard, la porte n'est toujours pas changée !

... Puis, un matin, j'entends les grandes du CM2 discuter :

- Vous avez vu Madame Ruphia ce matin ?

- Non, pas encore.

- Son mari l'a encore très mal corrigée... !

- C'est quoi corriger ? Dis-je de ma petite voix.

- Hé ! Quitte là ! Cela ne te regarde pas ! Ce sont les histoires des grandes personnes. Réplique vertement l'une d'entre elles.

Madame Ruphia a en effet un bras dans le plâtre, un pansement sous l'œil droit et un bandage à la tête. Elle semble mal en point. Quelqu'un d'autre se serait absenté ; mais elle, elle est là. Comme si nous enseigner a quelque chose d'exutoire, quelque chose de curatif pour elle.

J'en ai le cœur noué. Pire, il saigne. J'ai envie d'aller la choper et lui dire : « Tu vas enfin me dire la vérité, oui ? Qu'est ce qui se passe chez toi pour que tu sois dans cet état ? » Mais, je ne peux pas. Ce sont « les histoires des grandes personnes ».

Assise à ma place, je ne cesse de l'observer. Je récrimine contre les grandes personnes. Pourquoi sont-elles parfois si odieuses, si cruelles ?

Chaque fois que je regarde mon adorable institutrice, le mot « corriger » revient taper dans ma tête, tel un tamtam les jours de deuil. Me demandant, ce qu'elle est au juste pour son mari : un devoir de français ou de calcul ? Un test d'histoire ou de géographie ?

BETS MBANA

RUPHIA
La lune ira dire

- 1 -

Lui est agent de circulation. Il s'appelle Georges. Il arbore fièrement son uniforme. Un képi sur la tête, une ceinture noire sur un uniforme kaki et des chaussures blanches.

Ses gestes saccadés, à droite, à gauche, tel un automate, témoignent à quel point il aime son travail. Il mène, à sa cadence, les voitures circulant au carrefour Mvolyé à Yaoundé, capitale du Cameroun. Chaque jour, il est au poste, ponctuel et professionnel.

Elle, c'est Ruphia. Une jeune femme aux manières correctes, belle comme un cœur amoureux. Elle ne semble même pas s'en rendre compte.

Chaque matin, en descendant la colline pour se rendre au centre de formation, elle traverse le carrefour où officie Georges. Un regard échangé, un sourire en retour et chacun continue à vaquer à ses occupations.

Ruphia est très discrète sur son passé. Mais en réalité, elle n'a pas eu la vie facile. Elle est une descendante de l'honorable famille Tenda. Elle avait perdu ses parents dans des circonstances particulièrement douloureuses.

La famille Tenda est une puissante famille. Etienne le père, cumule les fonctions. Il est un riche planteur, il possède de très grandes et belles plantations de cacao et d'immenses palmeraies. A lui seul, il fournit du travail à plus de vingt personnes qui lui en sont reconnaissantes.

Il est chef de village et également membre du comité des sages. Celui-là même qui, dans ce village, traite avec les coopératives lors de la vente du cacao.

Ce qui accroît à un niveau exponentiel sa notoriété et sa richesse. En conséquence, ses deux fils Adolphe et Claude font l'objet d'une folle convoitise.

Après le décès de sa première épouse il y a quelques années, Monsieur Tenda dut répudier sa deuxième femme. Plusieurs personnes la rendaient responsable de la maladie ayant emporté sa coépouse. Puis ce fut une longue période difficile... Il vit maintenant avec Josépha qu'il a épousée récemment.

Un soir, un homme se présente chez lui. Il est accompagné d'une jeune fille :

- Monsieur Tenda, je suis venu t'offrir ma fille Jeanne Odile. Elle est une très bonne personne...

Tenda s'approche de la jeune fille. Il la jauge de la tête aux pieds et des pieds à la tête.

- Et qu'attends-tu de moi ? S'enquit-il.

- Que tu me donnes ce que tu veux.

L'homme sait que Monsieur Tenda est généreux.

- Bon d'accord. Je vais régler ça. Reviens samedi...

L'homme s'en retourne chez lui sans sa fille.

- Josépha, dit Monsieur Tenda à son épouse, viens chercher cette jeune fille et occupes-toi-s-en !

... Le soir venu :

- On est venu nous laisser une jeune fille. Adolphe, tu es l'ainé. Tu es célibataire. La fille te revient. Tu l'épouseras.

Adolphe regarde son père d'un air effarouché. Celui-ci feint de ne pas s'en apercevoir et continue :

- Je l'ai observée. Tu peux me faire confiance. Elle sera une épouse, docile et douce. Justement ce qu'il te faut pour être un chef de famille respectable.

- Mais papa...

Son père l'interrompt brutalement d'une voix autoritaire :

- A partir de maintenant, je ne veux plus entendre parler de toutes ces femelles que tu broutes ! C'est clair ?

- Oui père ! Adolphe baisse la tête.

Les premiers mois, Jeanne Odile vit chez les parents d'Adolphe. Monsieur Tenda veille à ce que son fils soit présent aux repas du soir. A ces moments là, c'est à peine s'il regarde celle qui, à court terme, deviendra son épouse.

En journée, Jeanne Odile accompagne Josépha dans ses différentes activités. Elle est timide, mais énergique et travaille vite. Ce qu'apprécient grandement ses futurs beaux-parents.

Monsieur Tenda ne cesse de dire fièrement à son fils :

- Tu vois ! Je ne me suis pas trompé. Regarde là, quelle énergie.

- Mais moi, ce n'est pas ce que je veux. Elle est molle, papa, sans vie ! Muette comme une tombe. Je connais des filles moins ennuyeuses !

- Mon fils, si tu parles de ces petites pimbêches plus intéressées par notre richesse, tu fais fausse route. Aucune d'elle ne rentrera dans notre famille. J'ai de l'expérience tu sais, et je te dis que Jeanne Odile est la personne qu'il te faut.

... Adolphe se retrouve quelque temps après, marié à Jeanne Odile, la jeune inconnue. Les jeunes époux s'installent dans la nouvelle maison attenante à celle du père.

Adolphe quitte la maison le matin avec les ouvriers, souvent, il reste seul dans la plantation et ne revient qu'à la tombée de la nuit. Certains le soupçonnent d'en profiter pour passer du bon temps...

Son retour à la maison obéit au même rituel. Jeanne Odile lui met de l'eau à chauffer sur le grand feu. Puis la déverse dans la grande bassine qu'elle porte ensuite à l'espace toilette derrière la maison.

Au bout d'un moment, elle l'entend tonner :

- Jeanne ! Viens me frotter le dos !

Elle se lève, se dirige dehors et revient des minutes plus tard. Elle dresse rapidement la table.

Au lit, leurs ébats sont courts. Pas de préliminaires, juste assez pour combler le désir du patriarche : lui offrir pléthore de descendants.

Les époux s'attèlent au travail. En cinq ans, Adolphe et Jeanne Odile font cinq beaux enfants, quatre garçons et une fille, au grand bonheur de Monsieur Tenda.

Jeanne Odile est si douce, si discrète ! C'est à peine si on l'entend. Adolphe lui, semble très épanoui. Il multiplie les aventures au vu et su de sa femme, sans que celle-ci ait une quelconque réaction.

En épouse dévouée, elle s'occupe de son mari et des enfants d'une façon irréprochable.

... Le temps passe, passe. Une nuit, alors qu'ils sont couchés, Adolphe lui dit :

- Demain, tu vas m'accompagner quelque part.

- Mais où donc ?

- Ce ne serait plus une surprise si je te le dis. Tu verras.

Le lendemain, la nuit venue, Adolphe s'assure bien que personne ne les voit. Puis, avec sa femme, il quitte le village.

En chemin :

- Tu dis que tu m'amènes où à cette heure tardive ?

- Avance, tu verras bien.

- Tu sais bien que c'est dangereux d'être dehors si tard et puis j'ai peur du noir... Retournons à la maison ! Nous reviendrons demain en plein jour !

- Avance ! Je te dis, que tout ira bien. En plus, regarde cette belle lune qui nous éclaire. N'aie pas peur. Tu as confiance en moi ?

- Oui ! Mais...

Il lui enveloppe les épaules de ses bras robustes pour l'apaiser. Jeanne Odile se tait. Ils continuent leur chemin. Mais, plus ils marchent, plus ils s'enfoncent dans l'épaisse forêt et plus Jeanne Odile sent l'inquiétude la gagner.

... Enfin, ils atteignent un endroit fraîchement dégagé :

- On y est ! S'exclame Adolphe, victorieux.

- Tu vas enfin me dire pourquoi tu m'as conduite ici !

Adolphe éclate de rire, avant d'ajouter :

- Ton chemin s'arrête ici !

Le ton est glacial. Le regard dément. Jeanne Odile prend peur. Elle recule de quelques pas.

- Quoi ? Qu'est-ce que cela veut dire ?

- Que je vais te tuer grosse idiote! Je n'ai jamais voulu de toi ! Tu t'es imposée dans ma vie, avec tes airs de sainte ni touche ! Je n'en peux plus !

- Adolphe, tu es devenu fou ? Retournons au village arranger ça.

- Hors de question !

- Laisse-moi au moins rentrer chez mon père !

- Quel père ? Celui qui est venu t'abandonner, tel un sac d'ordures ?

- Peu importe ! Il reste mon père. Ramène-moi au village tout de suite pour que je fasse mes bagages !

- Pas question ! Ton chemin s'arrête ici ! Tu entends ? Définitivement ici et aujourd'hui !

- Allez, Adolphe, s'il te plaît. Penses au moins à nos enfants.

- Ils seront mieux sans toi. Nous serons mieux sans toi.

Jeanne Odile le regarde, stupéfaite. La lune éclaire la scène de toute sa splendeur. Elle lève les yeux vers elle. Elle est si resplendissante, si pleine !

Que faire ? Fuir ? Pour aller où ? Il connait mieux les lieux. Il la rattrapera aussitôt.

Avant même qu'elle ait le temps de réagir, Adolphe découvre le trou qu'il a creusé plusieurs jours durant, ainsi que le tas de terre dissimulé sous des branches d'arbres.

A cet instant, Jeanne Odile réalise que son mari ne blague pas, qu'il a minutieusement tout préparé. Et que c'est peine perdue de tenter de le raisonner.

Elle lève de nouveau la tête et les bras vers la lune, puis le regarde et sourit.

- Et ça t'amuse ?

- Non ! Tu crois que personne n'en saura rien ?

- Bien évidemment ! A part nous deux, il n'y a personne d'autre ici !

- Et tu crois ça ?

- Bien sûr !

- Tu verras, cette lune qui scintille là, portera la nouvelle jusqu'au village !

Adolphe éclate de rire. Un rire strident, un tantinet hystérique.

Jeanne Odile regarde encore une fois la lune. Un premier coup de machette d'une extrême violence s'abat sur elle. Elle titube et continue à regarder la lune. Au deuxième coup, elle s'affale sur un tronc d'arbre. Puis un troisième, un quatrième et ... Elle cesse de respirer.

... Adolphe jette rapidement les morceaux de corps dans le trou qu'il rebouche aussitôt. Puis, il regagne le village.

Comme chaque matin, Belle la petite dernière, fait irruption dans la chambre de ses parents.

- Maman ! Maman ! T'es où ?

Adolphe se réveille en sursaut.

- Papa, où est maman ?

- Allez, ma chérie ! Elle ne doit pas être bien loin. Lui répond-il calmement. Je vais aller la chercher, ta maman.

Adolphe s'habille rapidement et une fois dehors :

- Jeanne n'est pas là ! Quelqu'un l'a vue ?

- Non !

- C'est toi son mari. C'est à toi de nous dire où elle est ! Renchérit Monsieur Tenda.

- Je n'en sais rien. Je suis rentré tard cette nuit. J'avais un peu trop bu avec les amis. Elle était pourtant là...

Adolphe a l'air sincère. Monsieur Tenda le foudroie du regard.

... Les jours passent. Les enfants ne cessent de réclamer leur mère :

- Papa où est maman ?

- Quand est-ce qu'elle revient ?

- Les enfants, elle est partie et je ne sais pas quand elle revient.

Le ton est laconique.

- Hé, vous verrez, elle va bientôt revenir !

Cette phrase, Dagobert l'aîné de la fratrie, la répète plusieurs fois par jour, pour adoucir l'inquiétude grandissante de ses cadets, et en particulier la petite Belle. Elle est inconsolable.

- J'espère que tu dis vrai, fils. Venez.

Et les cinq enfants s'en vont se blottir dans les bras de leur père.

Les enfants pleurent beaucoup. Monsieur Tenda est allé voir le curé, afin qu'il dise une messe pour sa bru et fasse l'annonce suivante : « Jeanne Odile, je ne sais pas ce qui t'a poussée à agir de la sorte. Si c'est notre faute, reviens, tout s'arrangera. Mais pitié, ne nous abandonne pas ainsi».

Il aimait beaucoup la jeune fille.

Ce dimanche là, comme tous les autres d'ailleurs, la famille Tenda au complet est assise au premier rang.

La lecture de ce message suscite une vive émotion dans l'assistance. Plusieurs femmes sont en pleurs. A la fin de la messe, chacun promet à Monsieur Tenda, de tenir ses oreilles et ses yeux en alerte et de le prévenir à la moindre information utile.

... Bientôt un an, sans que personne ne sache ce qu'est devenue Jeanne Odile. Les enfants les plus jeunes, semblent même s'habituer à l'absence de leur mère.

Belle la réclame de moins en moins. Grands-parents, tantes et oncles faisant le nécessaire pour combler le vide affectif causé par son absence. Tandis que Dagobert l'ainé, continue d'espérer son retour.

Certains attribuent même un amant à Jeanne Odile, avec qui elle serait partie. Mais jamais l'hypothèse d'un meurtre n'est évoquée.

Deux ans plus tard, toujours aucune nouvelle de Jeanne Odile. Maintenant, Monsieur Tenda encourage son fils à se remarier, cette fois, avec la fiancée de son choix.

Les supputations sur la prochaine Madame Tenda vont bon train. Plusieurs jeunes filles sont en lice : Nicole, Marie, Atina, Virginie...

De son côté, Claude le cadet, ne se décide pas à se marier, malgré la pression du père Tenda.

... Adolphe finit par épouser Atina. Il en est fou amoureux. Elle est belle, intelligente, sûre d'elle, coquette et généreuse. Elle prend bien soin des enfants laissés par Jeanne Odile.

Deux enfants, nés de leur union viennent compléter la fratrie. Depuis leur mariage, Adolphe ne fait plus des heures supplémentaires.

... Atina et Adolphe sont mariés depuis quatre ans. Ils s'aiment comme au premier jour. Atina surprend régulièrement son mari, observant la lune. A chaque fois, il secoue la tête en souriant, une expression indéfinissable au visage.

Le couple s'installe souvent à la véranda pour discuter, avant de se coucher. Encore et encore, les propos tournent autour de Jeanne Odile. Atina se demandant à chaque fois, ce qui a bien pu pousser cette femme, apparemment équilibrée, à abandonner mari et enfants ainsi.

Cette nuit, la lune est si luisante. Adolphe rumine contre son aîné, l'accusant de porter les gênes de médiocrité de sa mère.

Assis à côté de sa femme, il continue de critiquer son fils ainé.

Instinctivement, il lève la tête vers la lune une première fois, puis une deuxième et une fois encore. Il est comme à chaque fois, pensif, défiant et captivé.

- Hé ! Pourquoi est ce que tu souris chaque fois que tu regardes la lune ?

- Hein ?

- Tu crois que je ne te vois pas ? Pourquoi regardes-tu ainsi la lune ?

- Ce n'est rien ! Viens ma chérie, allons-nous coucher.

La nuit suivante et celles d'après, la lune est toujours au rendez-vous, plus éclatante que jamais, et Adolphe reproduisant toujours les mêmes gestes.

- Vas-tu me dire enfin ce qui t'arrive ? Tu observes la lune, tu souris. Je vais finir par croire que tu deviens fou. Il faut qu'on en parle à ton père ! Il faut que tu te soignes.

- Mais non ! Je t'interdis de me traiter de fou ! Je vais bien !

- Alors dis-moi, je suis ta femme. J'ai besoin de comprendre ce qui se passe.

- C'est juste cette idiote de Jeanne Odile qui observait la lune dans la forêt le jour où.

Adolphe met la main devant la bouche. Trop tard ! Il en a assez dit.

- Hein ? Que viens-tu de dire ? Mon Dieu ! Mon Dieu ! Crie Atina avec effroi.

Son mari ne répond pas.

- Dans quelle forêt ? Tu étais avec elle dans la forêt ? Quand ? Et pourquoi l'avais-tu amenée là bas ? Et pourquoi, on n'en a jamais parlé ?...

Elle regarde son mari, complètement déroutée.

- Ne me dis pas que tu l'as ...

- Chut ! Ne réveille pas les enfants !

Dagobert les a entendus parler :

- Qu'est ce qui se passe papa ?

- Rien ! Retourne vite te coucher ! Et toi, ferme-là. Intime t-il à Atina.

- Non ! Je ne vais pas la fermer ! Alors tu me réponds ?

Toujours pas de réponse.

- Adolphe ! Tu es à l'origine de la disparition de ta femme ! Que lui as-tu fais ? Dis-le-moi !

Elle l'empoigne. Elle le secoue. Toujours pas de réponse et aucune réaction.

- Tu as tué ta femme ! Avoue-le ! Tu es un assassin ! Continue-t-elle, sans lâcher prise.

Pas de réaction. Adolphe fixant un point invisible.

Tel un bolide, Atina atteint la maison de son beau père. Là voilà, tambourinant à la porte à grands coups.

- Ouvrez vite, c'est Atina !

La porte s'ouvre rapidement devant une Atina plus qu'affolée. D'autres portes aussi, laissant s'échapper des silhouettes en pyjama.

- Allez, retournez vous coucher. Ce n'est rien. Intime Monsieur Tenda.

Les portes se referment.

- C'est lui qui l'a tué ! Il savait depuis toutes ces années ce qui lui était arrivé ! Mon Dieu ! C'est un cauchemar ! ...

- Mais, calme-toi donc ! De quoi parles-tu ?

- De Jeanne Odile ! C'est Adolphe qui l'a tuée !

- Mon Dieu ! Viens, asseyons-nous ! Dit Monsieur Tenda. Josépha, apporte-lui un verre d'eau.

Josépha revient rapidement. Ses mains tremblent. Elle n'en croit pas ses oreilles.

- Tenda, Adolphe ne peut pas avoir fait une chose pareille ! C'est certainement un malentendu.

- Ma fille, calmes-toi ! Reprend Monsieur Tenda. Je ne comprends pas ce que tu dis ! Respire et raconte-nous depuis le début.

- Papa, maman, je suis en train de vous dire que c'est Adolphe qui a tué Jeanne Odile dans la forêt ! Martèle encore et encore Atina.

- Mon Dieu ! Comment le sais-tu ? Josépha fond en larmes.

- Il vient de me le dire...

- Tu es sûre d'avoir bien entendu ? Je ne vois pas mon fils faire une chose pareille !

- Pourtant c'est vrai. Allez lui demander.

Les parents sont atterrés.

- Seigneur ! Tu ne m'as donné que deux fils et l'un d'eux est un assassin ? Josépha, Atina, restez ici ! Je vais chercher de l'aide et ensuite nous allons voir Adolphe.

Monsieur Tenda ferme rapidement la porte, puis disparait dans la nuit.

... Le petit groupe trouve Adolphe assis à la véranda, tête baissée, visage fermé. Le désarroi est total.

- Adolphe mon fils, qu'as-tu fait ?! Est-ce exact ce que dit Atina ?

- Oui père ! Répond Adolphe, fixant toujours son point invisible.

- Comment as-tu pu mon fils... ?

Monsieur Tenda semble manquer d'inspiration pour terminer sa phrase. Il s'affale à côté de lui.

- Pourquoi ? Dis-moi pourquoi ?

- Je ne l'aimais pas papa !

- Mais pourquoi ne pas l'avoir répudiée ?

- Tu n'aurais jamais accepté !

- Oh mon Dieu ! Qu'ai-je fait à mon fils ? Tout ça c'est ma faute ! Je ne me rendais pas compte qu'il était malheureux. Je ne voulais que son bonheur.

Et, prenant les personnes présentes à témoin :

- Et vous, dites-moi ! Suis-je donc si tyrannique, au point de pousser mon fils, à commettre un meurtre par crainte de ma réaction ?

Personne n'ose lui répondre.

- Amenez-le au salon et ligotez-le.

... Au petit matin, du monde s'amasse devant la maison des Tenda. Tous se demandant quel diable s'était emparé d'Adolphe cette nuit là et ce qu'il allait devenir. Ils espèrent que les autorités se montreront clémentes, compte tenu des gestes de générosité de Monsieur Tenda à leur égard.

La gendarmerie se trouve à 50km de là. Il faut passer par une route difficilement praticable, car vallonnée et boueuse.

Assis à côté de son chauffeur, Monsieur Tenda est silencieux, les yeux rivés sur ces paysages familiers qui défilent. Adolphe lui, est seul à l'arrière, recroquevillé sur lui-même tel un enfant sans défense.

Au bout de deux heures, le pick-up atteint la gendarmerie.

- Attendez-moi ici !

Monsieur Tenda entre dans la gendarmerie. Il revient des instants plus tard, accompagné de deux gendarmes, tandis que les autres les épient par les fenêtres.

Deux traits fins, le long de ses joues, témoignent qu'il a pleuré. Cet homme robuste, semble subitement avoir perdu de sa superbe, avec son dos voûté et sa tête complètement grisonnante. Quelle scène pathétique !

Les gendarmes ne trouvent pas utile de menotter Adolphe. Il peine à se tenir debout, comme vidé de toute son énergie. Ils l'empoignent et le conduisent à l'intérieur.

... Ils l'interrogent depuis trois heures déjà. Trois heures durant lesquelles, Adolphe, dans un discours dénué de toute cohérence, tente de démêler un enchevêtrement de souvenirs glauques et douloureux.

Pendant ce temps, son père attend dans la voiture, la tête enfouie dans son chapeau.

Nul ne sait à quoi il pense. Puis, un gendarme revient le chercher. L'entretien dure quelques minutes.

Adolphe plaidera la folie passagère et vu les bonnes œuvres de son père, il pourra bénéficier d'une réduction de peine. Il risque malgré tout, au moins trois ans de prison. La décision définitive sera communiquée ultérieurement.

Deux jours plus tard, Adolphe revient au village dans un véhicule de la gendarmerie, les menottes aux poignets cette fois. Il s'enfonce avec eux dans la forêt...

Monsieur Tenda a pris soin d'éloigner les enfants. Tout en marchant derrière son fils, il prie le Dieu Tout puissant, de lui donner la force et les bons mots, pour expliquer aux enfants, cet épisode familial particulièrement chaotique.

... Le père de Jeanne Odile a eu une attaque en apprenant la nouvelle...

... Les restes de Jeanne Odile demeurent dans la forêt et une tombe sera érigée à cette place. Le même jour, diverses cérémonies de purification ont lieu au village.

De nombreuses personnes y assistent, toutes en émoi, face à la douleur des enfants et des beaux parents. Les enfants sont inconsolables.

... Atina continue à s'occuper d'eux. Elle est triste et pleure, elle aussi, en cachette, évitant de les perturber. De temps en temps, son beau-frère, Claude, vient lui donner un coup de main.

Des liens étroits se tissent entre eux au fil du temps. Finalement, Atina se met en couple avec lui, au grand regret de toutes ces jeunes filles qui, espéraient se faire épouser.

Quant à Monsieur Tenda, il se fait rare. Depuis le drame, il a pris la ferme décision de ne plus se mêler des affaires sentimentales de qui que ce soit. La relation de son fils cadet avec Atina le laisse froid. Pour l'instant, elle est toujours mariée à Adolphe.

Dévoré par la culpabilité, il rend trois fois par semaine visite à son fils. Celui-ci a été condamné à cinq ans de prison. A ces occasions, les deux hommes ont systématiquement un temps de prière ensemble.

Monsieur Tenda veille à la santé mentale et spirituelle de son fils. Il a même demandé la permission de le conduire les dimanches à la messe. Mais sa demande a été refusée.

En dehors de ces temps de recueillement, Adolphe ne dit pas grand-chose. Sur le minuscule lit en bambou qui lui sert de couchette, on peut voir une bible en guise d'oreiller. Il passe ses journées à lire.

Quant à Claude, il est très jaloux. Il veut un enfant à lui, mais Atina le lui refuse, arguant avoir assez pouponné pour s'y remettre. Claude en est frustré.

L'attention qu'Atina accorde à ses neveux et sa nièce l'agace énormément. Maintenant, il se met de plus en plus en colère.

- Mais arrête un peu ! Lui dit-elle souvent. Ne me dis pas que tu es jaloux de ces enfants. Que peuvent-ils bien te prendre ?

- Toi, ton amour.

- Ne sois pas stupide.

Des conversations comme celles-là, il y en a toutes les semaines.

Atina perd petit à petit, cette lumière qui scintillait encore dans ses yeux au début de leur relation. A la moindre incartade, Claude distribue des gifles aux enfants. Ses raclées sont terribles ! A ces moments là, il se sert de tout ce qu'il trouve.

Il y a un mois, dans un accès de colère, il a lancé un tournevis qui a failli crever l'œil de Belle. Depuis, la pauvre petite est terrorisée dès qu'il s'approche d'elle.

… Comme Atina a bien changé !

Dès que Claude a le dos tourné, elle trouve tous les prétextes pour se vautrer sur le mâle à proximité, fut-ce Dagobert ou quelqu'un d'autre.

La toute première fois, Dagobert, alors âgé de quatorze ans la repousse vivement :

- Tu ne veux pas de moi ? C'est bien cela ?

- Tu es ma mère, bon sang ! Je ne peux faire une chose pareille.

- Non, je t'élève, mais je ne suis pas ta mère !

- Pour moi, tu en es une.

- Tu ne vois pas que je suis malheureuse ?

- Si, mais ce n'est pas une raison pour faire une chose pareille.

Un autre jour, elle revint en force :

- Tu ne veux toujours pas de moi ? Eh bien, je sais quoi faire !

- Quoi ?

- Je pourrai par exemple dire à ton oncle que tu as essayé de me violer et tu le connais n'est-ce pas ?

- Non ! Pitié, pas ça ! Que veux-tu que je fasse ?

... Et le temps passe, passe.

Un après midi, les deux amants croient que Claude est encore à la cacaoyère. Et voilà que ce dernier surgit. Fou de rage, il prend sa machette... Il s'en est fallu de peu pour qu'il commette un meurtre.

Dagobert quitte sans tarder le village. Dans cette famille si durement éprouvée, cet incident est la goutte d'eau de trop. Il est à jamais banni et ce, sans palabre.

... Il se réfugie chez sa tante maternelle, Ruphia, qui vit à Tuma, un village situé à 35 km de là. Il est bien accueilli.

Les histoires d'infidélité sont généralement classées dans les banalités et traitées à huis clos en famille. Beaucoup s'étonnent d'ailleurs que cette histoire ait pris une telle ampleur.

... Dagobert a maintenant dix neuf ans. Il est secret, mais aimable. Il se lie d'amitié avec une jeune fille du village, Brigitte. Elle est aussi généreuse que ses formes.

... Leur cérémonie de mariage est simple. La famille de Brigitte n'a pas demandé de dote, considérant Dagobert comme leur fils et également consciente qu'il ne possède rien.

... Lorsque Brigitte tombe enceinte et met au monde une fille, les jeunes parents choisissent de l'appeler Ruphia comme la tante.

La petite famille coule des jours heureux. Au grand bonheur de tante Ruphia, maintenant très âgée et de la maman de Brigitte, devenue veuve il y a environ deux ans.

Pourtant, depuis plusieurs mois, Brigitte constate que son mari disparait le soir. Au début, cela durait juste quelques minutes. Plus le temps passe, plus les absences s'allongent. Parfois, il reste dehors une heure et peut-être plus.

Les prétextes pour expliquer ces absences répétées sont nombreux. Mais, c'est surtout la surveillance des pièges installés qui est le plus courant. La preuve, il ramène de temps en temps du gibier.

En épouse soumise et amoureuse, Brigitte ne met pas la parole de son époux en doute et le temps passe.

... Les habitants de Tuma n'oublieront jamais ce soir du 13 août. Il est presque 20h et l'obscurité profonde. Subitement, un cri d'agonie effroyable retentit, fendant le silence.

Une porte s'ouvre, une deuxième, une troisième, une autre encore et ainsi de suite.

- Hé ! Quelqu'un a entendu ce cri ?

- Oui, moi !

- Moi aussi !

- ...

- Et d'où pouvait-il provenir ?

- Je pense derrière les maisons là-bas !

- Certainement de la cacaoyère !

- Et c'était quoi d'après vous ?

- Un animal blessé, mais un gros animal.

- Peut-être un sorcier ?

- Peut-être un gorille ?

- Mais non, il n'y a plus de gorille !

- Une personne alors ?

- Difficile à dire.

- Il faut qu'on sache ce qui se passe. Dit le chef. Prenons nos machettes et des lampes tempêtes et allons voir à la cacaoyère. Vous autres, rentrez chez vous et fermez bien les portes à clé.

Une fois à la cacaoyère :

- Séparons-nous ! Vous allez à droite et nous à gauche.

Au bout d'un moment, un peu plus loin à gauche.

- Mon Dieu ! Crie quelqu'un. Quel carnage !

Les autres le rejoignent rapidement. Tous sont sans voix. Sur le sol, gisent deux corps nus, ensanglantés, salement amochés et coupés de part en part.

D'abord celui de Génia, la femme du cousin, la tête fendue, le corps à moitié dissimulé par celui de Dagobert. Ce dernier, la tête tranchée, une large fente dans le dos... Morts tous les deux. Et, assis à côté d'eux, le cousin cocu.

- Ils l'ont bien cherché ! Ils n'avaient pas à se moquer de moi ainsi ! Ne cesse-t-il de répéter.

Tous le regardent, sans un mot.

- Il faut prévenir Brigitte ! Dit une voix.

- Surtout pas ! Il ne faut pas qu'elle sache en détail ce qui s'est passé ici !

Trop tard ! Un curieux les a secrètement suivis, puis est allé sans attendre avertir Brigitte... Le chef n'a pas le temps d'exposer sa stratégie, que celle-ci surgit tel un taureau.

Elle se rue sur le corps inerte de son mari et le roue de coups, comme pour le punir des mensonges distillés depuis plusieurs mois. Insultant la défunte amante et l'accusant de légèreté... Le tout sous le regard hagard du groupe.

Passé ce moment, Brigitte retourne chez elle et s'effondre, vidée de son énergie. Pendant ce temps, leur fille Ruphia dort paisiblement.

Comment Félix, si calme, si gentil, a-t-il pu commettre une telle atrocité ?

- Mon Dieu, Félix ! Tu viens de gâcher ta vie ! Cela en valait-il la peine ? Nouba son petit frère est en larmes.

- Elle était toute ma vie. Ils n'auraient pas dû se moquer de moi !

Le chef s'approche discrètement de Jean, l'oncle de Félix et lui dit :

- Il faudra aller très tôt le matin, prévenir la gendarmerie.

Les deux corps sont immédiatement recouverts de feuilles de bananiers et palmiers.

Jean s'approche de Félix et prend délicatement la machette souillée, maintenant posée sur ses genoux. Nouba et lui le soulèvent et le conduisent dans la maison du chef.

- Tiens, avale ! Lui dit le chef.

L'effet de l'arki (alcool local) est immédiat. Félix semble si serein ! Jean et Nouba le ligotent à une chaise et le recouvrent d'un drap.

Au moment des évènements, Ruphia a quatre ans. Le lendemain, au petit matin :

- Maman ! Où est mon papa ? Demande-t-elle.

Brigitte n'est pas en état de trouver les termes adéquats, lui permettant d'expliquer à sa fille ce qui est arrivé à son papa.

- Viens mon bébé. Lui dit Tiana, l'épouse d'un neveu et grande amie de Brigitte.

- Il est arrivé quelque chose de grave à ton papa. Quelqu'un l'a blessé.

- Mais il va bien quand même ?

- Je crains que non. Il est déjà au ciel.

- Il est où ? Je veux voir mon papa ! Je veux le voir ! Scande l'enfant, tapant des pieds, les joues inondées de larmes.

- Non, tu ne peux pas le voir !

L'enfant bondit vers la porte. De justesse, Tiana ferme la porte à clé, puis la met aussitôt dans sa poche.

Ruphia se jette sur elle et tente de lui reprendre la clé. Au même moment, des sirènes se font entendre...

... En ce début d'après midi, le soleil est au rendez-vous et du monde afflue.

Après une inspection éclair des lieux, les gendarmes reviennent, se bouchant soigneusement le nez avec des mouchoirs en tissu.

Le plus gradé s'adresse au chef du village :

- Il va falloir enterrer sans tarder les corps. Ils commencent à se décomposer sous l'effet de la chaleur. Ce qui est dangereux pour vous tous. Quant à lui, dit-il, en désignant Félix, nous l'amenons avec nous.

… La voiture de la gendarmerie emporte Félix, laissant une veuve et sa fille, et trois orphelins de mère complètement déboussolés et affligés.

Seuls des hommes en pleine maturité assistent à l'inhumation des deux corps à l'endroit même où ils reposent. Tandis que le reste de la foule attend dans la cour.

Puis, un à un, les hommes reviennent en silence.

... D'habitude prolifique, le chef du village donne l'impression de chercher ses mots. Le discours est bref, revenant plusieurs fois sur la fidélité, la valeur et le respect de la vie, l'amour du prochain et le pardon...

... Depuis les évènements de la veille, une ambiance morbide règne au village. Ruphia est foudroyée de chagrin. Brigitte est silencieuse. Le lendemain, elle est la seule à se rendre aux champs. Des personnes l'aperçoivent et s'en étonnent :

- Mais Brigitte... !

- Où comptes-tu aller ainsi ?

- Tu dois te reposer !

- Nous te soutenons dans cette épreuve.

- De quoi as-tu besoin ? Nous pouvons aller à ta place.

- Reste avec nous.

- Laisse-nous au moins l'enfant...

Mais Brigitte décline toutes les propositions et s'enfonce dans les bois avec Ruphia.

Le soir venu, après s'être occupée de sa fille, elle s'assoit à la place qu'aimait occuper son mari à la véranda et commence à aiguiser la machette que ce dernier utilisait. Encore une fois, c'est l'étonnement :

- Mais Brigitte, les femmes n'aiguisent pas les machettes. Attends, je vais t'aider...

Elle refuse catégoriquement. Pendant une semaine, elle aiguise sa machette encore et encore.

Pour la plupart des gens, c'est sa façon à elle de surmonter la disparition tragique de son mari.

Le lendemain, tôt le matin, chez sa cousine Magui, à l'autre bout du village :

- Dis, tu peux me garder Ruphia aujourd'hui ?

- Mais bien sûr !

- Je dois me rendre tôt dans la forêt, pour cueillir des plantes qui poussent uniquement là bas. Je ne me sens pas très bien en ce moment.

- Je comprends.

- Et comme il faut me dépêcher, je ne peux l'amener avec moi.

- Un enfant plus grand peut t'accompagner si tu veux.

- Non merci. Ce n'est pas la peine.

Brigitte embrasse longuement sa fille, puis s'en va. Du fait de ses ancêtres guérisseurs, elle possède une bonne connaissance des plantes médicinales. Ses diagnostics sont généralement exacts.

... En fin de journée :

- Quelqu'un a vu Brigitte? Demande Tiana sa meilleure amie.

- Non !

Et la voilà, faisant le tour des maisons pour avoir les nouvelles de Brigitte. Mais personne ne peut la renseigner.

- Peut-être que sa cousine sait quelque chose. Dit quelqu'un. Il me semble l'avoir vue partir avec Ruphia ce matin dans cette direction.

... Chez Magui la cousine :

- Je sais qu'elle devait aller chercher les plantes dans la forêt. Elle a d'ailleurs laissé Ruphia ici.

- Quelles plantes ? Et a-t-elle dit pourquoi elle ne l'a pas laissée au village ? C'était plus simple.

- Je ne sais pas. Elle ne se sentait pas bien et devait se dépêcher. C'est pourquoi elle nous l'a laissée. Je ne sais rien de plus.

- C'est étonnant qu'elle ne m'ait rien dit.

- Bon, ne dramatisons pas. Attendons, il fait presque nuit. Elle est certainement en chemin.

... Mardi, au petit matin, chez Magui la cousine :

- Elle revient quand ma maman ?

- Bientôt.

Et Ruphia se remet à pleurer...

Au village :

- Quelqu'un a entendu Brigitte rentrer ? Demande de nouveau Tiana.

- Non ! Aucun bruit chez elle.

... Mercredi, au petit matin, toujours rien. Petit à petit la panique et l'inquiétude deviennent collectives.

- Vous deux, allez voir dans la forêt. Dit le chef...

Au bout de deux heures, les personnes sont de retour : aucune trace de Brigitte.

- Sa porte est fermée à clef. Tiana, aurais-tu par hasard le double des clés ?

- Elle me l'a repris la semaine dernière. Elle m'avait dit avoir perdu sa clé et devait me la rendre rapidement.

- Peut-être est-elle partie ? Un peu normal après un tel drame.

- Sans nous dire au revoir ? Cela ne lui ressemble pas.

- Elle ne serait jamais partie sans sa fille !

- Pourtant, elle n'a pas manqué de la laisser chez sa cousine !

- Mais, je maintiens ce que je dis.

- C'est possible qu'elle soit partie. Elle était si détachée ces derniers temps, que je me demandais même si elle avait encore toute sa tête.

- Alors où est-elle ?

- Je propose que nous forcions la serrure. Si elle est vraiment partie, nous le saurons très vite.

... A l'intérieur de la maison,

- Quelle horreur ! S'écrie quelqu'un.

Une odeur insoutenable se dégage de la chambre ! Des personnes s'y engouffrent. Elles ressortent aussitôt, se bouchant les narines. Brigitte s'est tout bonnement tranchée la gorge avec cette machette aiguisée pendant une semaine.

Tiana s'évanouit. La nouvelle parvient rapidement à Magui la cousine.

... Magui pleure celle qui a toujours été là pour elle. Pourquoi, ne lui a-t-elle pas confié son désespoir ? Comment dire à cette petite fille, qu'elle ne reverra plus jamais sa mère et qu'elle est maintenant au ciel, comme son père ?

De son côté, Tiana se pose les mêmes questions.

... Les obsèques de Brigitte viennent à peine de se terminer qu'un craquement se fait entendre. De la fumée monte. En quelques heures, de la maison de Brigitte, il ne reste plus qu'un tas de cendres.

Sans doute une façon pour les habitants de ce village lourdement éprouvés, d'effacer à jamais, les souvenirs physiques d'un horrible épisode.

Avant l'incendie, certains ont pensé que Magui et Tiana souhaiteraient récupérer quelques effets en souvenir. Elles n'en n'ont pas voulu.

... Ruphia continue de vivre chez Magui depuis la disparition de sa mère. Les jours suivant l'enterrement, elle pleurait, pleurait. De temps en temps, elle reçoit la visite de sa grand-mère maternelle devenue dépressive.

En fervente croyante, Brigitte avait appris très tôt à sa fille à prier. Et, malgré son âge, elle sait qu'elle peut s'adresser à Dieu. Tous les soirs, avant de dormir, elle lui exprime sa colère, exigeant de lui, qu'il lui rendre sa maman très vite.

Au bout de plusieurs semaines, Ruphia réalise enfin, que sa maman est très loin au ciel et que ni ses pleurs, ni ses injonctions ne la feront revenir. Sa douleur semble s'estomper petit à petit.

La gentillesse de sa nouvelle famille aidant, ses larmes se raréfient. Elles sont maintenant remplacées par des sourires, des éclats de rires et des jeux avec cousines et cousins.

Magui a l'habitude de dire :

- Aimé, Brigitte avait confiance en nous. C'est pourquoi elle nous a confié Ruphia. C'est un cadeau qu'elle nous a fait.

... Deux ans ont passé. Bientôt, Ruphia ira à l'école. Une perspective anxiogène, surtout pour Aimé le mari :

- Magui, ta cousine n'aurait jamais dû nous faire une chose pareille. Comment allons-nous faire ?

- Nous ferons ce qu'il faut par la grâce de dieu.

- Dis-moi, quelle vie allons-nous offrir à cette enfant ? Il faut qu'elle s'en aille d'ici !

- Pour aller où ?

- Qu'est ce que j'en sais, moi ? Elle n'a qu'à aller dans la famille de son père ! Ils ont les moyens eux !

- Tu crois que Brigitte ne le savait pas ? Si elle nous a confié son enfant, c'est parce qu'elle avait confiance en nous.

- Je le pense aussi. Mais les faits sont là. Nous ne pouvons l'aider plus.

- Cette solution ne me va pas du tout. Cette enfant a déjà été touchée par tant de drames, que nous devons faire en sorte de trouver ce qu'il y a de mieux pour elle.

- Et par quel miracle allons-nous y arriver ? Nous peinons déjà à nourrir toutes ces bouches.

- Aimé, laisse Dieu réaliser son œuvre. Je suis sûre qu'il nous viendra en aide.

- Ton dieu aurait du empêcher Brigitte de se suicider, au lieu de nous mettre en difficulté.

- Elle n'a peut-être pas agi de la bonne manière, mais nous avons sa fille et nous devons prendre soin d'elle coûte que coûte.

- Nous ne pouvons la garder plus longtemps et tu le sais bien, je continue à te le dire. Ta cousine avait-elle ne serait qu'une fois pris contact avec les Tenda ?

- A ma connaissance non.

-Tu vois, nous ne sommes pas à mesure de penser du mal des gens que nous ne connaissons pas. Je vais la conduire chez les Tenda.

- Non ! Après ce qui s'est passé avec son père ?

- C'est une vieille histoire et elle n'y est pour rien. C'est là où il faut demander l'aide de dieu. Qu'il fasse en sorte que les Tenda accueillent cette enfant.

... Chez les Tenda et depuis l'incident, Dagobert et tout ce qui le touche de près ont été véritablement bannis du village. Pourtant, Atina elle, continue à penser à lui.

Parfois, elle se surprend à se demander ce qui serait arrivé si leur relation n'avait pas été découverte. Peut-être qu'ils auraient eu un enfant ensemble ? Peut-être qu'ils se seraient enfuis ensemble ?

Et même si personne ne semble manifester un quelconque intérêt, au sujet de ce qui s'est passé à Tuma, l'évènement l'affecte profondément. Pour elle, Dagobert ne méritait pas de finir ainsi.

Et c'est la faute de Claude. C'est son mauvais comportement qui les a conduits à cette situation, sinon, elle ne lui aurait pas été infidèle. Maintenant, elle est de plus en plus détachée de lui. Elle ne sourit plus et se refuse à lui.

- 3 -

... Ce jour-là, alors que Claude s'est absenté du village, Aimé et Magui viennent frapper chez les Tenda.

Dans un discours bref, ils résument ainsi la situation :

- Nous sommes venus vous rendre l'enfant que Dagobert et sa femme ont eue. Elle s'appelle Ruphia. Nous nous occupons d'elle depuis deux ans. Nous avons nous mêmes quatre enfants. Vous comprenez donc que nous n'avons pas les moyens de faire plus.

- Venez, leur dit Josépha Tenda. Le ton est aimable. Je vais vous conduire chez Atina...

Le couple résume brièvement la situation à Atina tandis que celle-ci les regarde sans un mot. La mine décomposée. Pour elle, c'est encore un canif enfoncé dans une blessure qui saigne depuis bien longtemps. Elle fixe Ruphia sans sourciller.

Magui s'approche d'elle et lui prend affectueusement la main, avant d'ajouter :

- Je comprends le choc que cela provoque en vous. Mais croyez-moi, nous n'avons pas le choix.

Magui est en larmes. Tandis que Ruphia se tient blottie contre elle. Au bout d'un moment, Magui reprend :

- Les enfants sont à l'école et nous devons faire vite. Ruphia est une adorable enfant. Prenez bien soin d'elle.

- Dans ce cas, suivez-moi et venez boire quelque chose. Propose gentiment Josépha Tenda.

- Un verre d'eau nous suffit.

... Magui et son époux quittent le village. Le regard de Ruphia, les fixant de dos tandis qu'ils s'éloignent, en dit long sur son désespoir. Pas un cri, à part de grosses larmes ruisselant en silence le long des joues.

Tout en avançant vers la route, Magui pleure. Les évènements de la veille lui reviennent avec une telle clarté.

Aimé et elle viennent d'apprendre la nouvelle aux enfants.

Dans la maison, il règne un air d'enterrement. Ruphia pleure toutes les larmes de son corps.

La nuit venue, elle s'est levée à plusieurs reprises pour la consoler.

Ruphia, la tête posée sur son oreiller complètement trempé, lui répétant tel un disque rayé : maman Magui je veux rester avec toi ! Et la conversation difficile qui s'en est suivie :

- Ma chérie, je t'ai expliqué pourquoi tu ne peux plus vivre ici.

- Mais, si c'est une question d'argent, demandons à mon grand-père. Je vous ai entendus dire l'autre jour qu'il en a beaucoup. Il peut nous en donner un peu, hein ? Allez ! Demande-lui s'il te plait.

Et encore des pleurs.

- Mon enfant, regarde-moi. Je suis tout aussi triste et je souffre comme toi. Mais tu seras mieux là bas pour faire de bonnes études.

- Non ! Je ne veux pas y aller. Je ne veux pas faire de bonnes études. Je veux juste rester avec vous.

- Impossible ! Nous ne pouvons pas t'offrir une belle vie.

- Je te dis que je ne veux pas de belle vie. Je veux juste être avec vous. Et puis, nous n'aurons qu'à aller vendre les beignets au marché pour avoir plus d'argent.

- Pardonne-moi, mais c'est pour ton bien. Et puis, nous nous verrons pendant les vacances.

... Ruphia fixe toujours la route. Magui se retourne une dernière fois avant de monter dans le clando (Taxi clandestin) qui vient de s'arrêter. Elle lui fait signe de la main. Le regard de Ruphia est vague. Elle ne réagit pas.

Magui est triste, vraiment triste. Assise entre Aimé et un autre passager, elle sent l'émotion la submerger. Elle sort discrètement un mouchoir de son sac pour essuyer les larmes qui ruissellent le long des joues.

- Madame, ne pleurez pas, lui dit le passager. Vous verrez, tout finira par s'arranger, assiah.

... Atina s'approche de Ruphia, celle-ci recule d'un pas. Elle tente de lui prendre son sac, Ruphia l'en empêche. Atina n'insiste pas. Josépha Tenda observe la scène un peu à l'écart.

Elle s'éloigne et revient avec un petit banc, qu'elle pose juste à côté de Ruphia. Puis, Atina et elle s'en vont s'asseoir à la véranda :

- Elle a vraiment beaucoup de peine, la petite. Dit Josépha.

- En effet. Répond Atina. Ses deux parents sont morts et elle vient de se séparer de la seule famille qu'elle avait !

- Mon dieu ! Quelle poisse ! Comment se remettre de tout ça ? Il va falloir être patient avec elle. Je peux compter sur toi Atina ?

- Oui mère. Pour l'instant, mon souci, c'est Claude.

- Il ne fera rien du tout. Pour l'instant, laissons la tranquille. Elle a besoin de digérer tout ça. Nous attendrons qu'elle se manifeste quand elle aura besoin de nous.

- Tu as raison.

... Certainement fatiguée de la posture debout et l'émotion, Ruphia s'affale sur le banc. Son sac toujours posé à côté d'elle. Au bout d'un moment qui lui parait interminable, Atina finit par rompre le silence :

- Je peux m'asseoir avec toi ?

Ruphia signe de la tête.

- Tu veux de la canne à sucre et boire de l'eau ?

- Oui !

Atina revient avec un verre d'eau. Ruphia l'avale aussitôt.

- Tu sais, je comprends ta souffrance.

- Toi aussi, tu as grandi sans tes parents ?

- Oui ! C'est mon oncle qui m'avait élevée quand mes parents sont morts.

- Et il était gentil ?

- Oui. Tu es ici maintenant et la vie continue. Je sais bien que nous ne pouvons remplacer ni tes parents, ni ta tante et ton oncle. Mais nous sommes aussi ta famille.

- Il y a des enfants ici ?

- Oui ! Tu as des frères et une sœur. Ils sont pour l'instant au champ. Tu verras, ils sont gentils. Je suis sûre qu'ils seront contents de te voir.

- Une sœur ?

Le regard de Ruphia s'illumine.

- Oui !

- Comment s'appelle-t-elle ?

- Belle !

- Elle est gentille ?

- Oui, très. Tu verras, tu peux dormir avec elle si tu veux.

- Ouais ! Je veux bien.

- En plus, tu pourras aller passer les vacances au village chez Magui. Je les ai trouvés gentils et on voit qu'ils t'aiment vraiment. Je parie que ta sœur sera contente d'y aller avec toi.

- J'étais très bien là bas et c'est pour cela que je suis triste. Tata Magui et tonton ont quatre enfants. Ils pourront tous venir ici pour les vacances ?

- Bien sûr.

- Merci beaucoup tata. Je suis très contente.

- Tu peux m'appeler maman comme les autres enfants.

Ruphia se blottit dans les bras d'Atina.

… Il est quatre heures et demie. Déjà, une excitation règne dans la maison d'Atina. De nombreuses personnes, ayant appris l'arrivée de Ruphia, viennent pour faire connaissance avec la fille de Dagobert.

A leur retour, les enfants ont la surprise de découvrir leur « sœur ». Même si en réalité, Ruphia est leur nièce. Maintenant, il règne un tel vacarme dans la maison et la cour. Belle et Ruphia ne se quittent plus...

Comme tous les soirs, Claude revient titubant, complètement imbibé d'alcool. Il ne remarque pas la présence de la petite fille. Tant mieux se dit Atina, un moment de calme avant la tempête.

Le matin :

- Qu'est ce qui se passe ici ? Vocifère Claude. Atina, c'est qui cette enfant ? Et pourquoi tu ne m'as rien dit ?

- Elle s'appelle Ruphia. Lui répond calmement Atina. Et on nous l'a amenée hier.

- Pourquoi faire ?

- Attends, je vais chercher les parents. Ils sauront mieux t'expliquer que moi.

- C'est quoi ça ? Depuis quand tu as besoin des parents pour parler ?

- Allez, patiente un peu s'il te plaît.

Les parents Tenda arrivent sans tarder. La discussion a lieu dans une chambre, porte et fenêtre closes. De temps en temps, la voix de Claude monte, aussitôt ramenée au bon tempo par le père Tenda.

... Les semaines et les mois se succèdent. Ruphia se rend chaque jour à l'école comme les autres enfants. Elle semble reprendre goût à la vie. Belle aussi s'épanouit.

Claude est distant avec elle. Ce qui chagrine beaucoup Atina. Régulièrement, Ruphia la surprend en train de pleurer. Un jour, elle lui dit :

- Maman, pourquoi pleures-tu autant ?

- C'est à cause de ton père, je l'aimais tant.

La conversation n'échappe pas à Claude. Il profite de chaque instant de sobriété pour épier sa compagne. La réponse d'Atina le blesse au plus profond de lui. Il se sent trahi.

Encore Adolphe! Toujours lui ! Se dit-il intérieurement. Pendant des années, j'ai vécu dans l'ombre de ce grand frère qui, malgré ses frasques, restait indéboulonnable dans le cœur de notre père. Et même en prison, il continue à me pourrir la vie. Et maintenant, c'est le rejeton de son fils !

Depuis ce jour là, Claude se met de plus en plus en colère. Ruphia est devenue sa cible de prédilection. Chaque fois qu'elle s'approche de lui en disant :

- Papa, j'ai besoin d'un cahier.

Il lui répond :

- Je m'en fiche.

Dans ce cas, Atina va voir le père Tenda, quand elle ne peut assumer elle-même la dépense. L'autre jour, Claude a entendu Ruphia dire à sa cousine, qu'elle aimerait s'inscrire au collège plus tard. Sa réaction a été sarcastique à outrance :

- Ah bon ? Qui t'a encore mis pareilles sornettes dans la tête ? Tu rêves ma pauvre fille ! Tu es stupide comme ton père. Tu ne feras rien de bon dans la vie. Ne compte pas sur moi. Je m'en fiche complètement de tes idées à la con ! Tu veux faire des études ? Paye-les toi-même ! « Mof midé » ! Autrement dit, « dégage ! »

Et c'est ainsi chaque fois. Les idées de Ruphia sont balayées par des injures. Parfois, lorsqu'elle fait sa toilette, elle l'entend gueuler. Des propos qui, chaque jour, la condamnent à une existence insipide et misérable :

- Eh, toi là ! Tu crois que c'est en te lustrant la peau que tu seras quelqu'un ?

Tu es juste bonne à rien ! Personne ne voudra de toi ! Tu ne feras rien de ta vie ! Tu verras.

Situation qui empire depuis le décès du grand-père Tenda. L'autre jour, Atina a d'ailleurs reçu un coup de clé à molette en plein visage en tentant de s'interposer entre eux. Ça devient de plus en plus intenable.

... Cette nuit là, Ruphia voit sa mère en rêve. Elle ne lui avait pas rendu visite depuis un bon bout de temps :

- Ma fille ! Lui dit-elle. Il faut que tu quittes cette maison, sinon tu mourras.

- Mais pour aller où maman ?

- Rendors-toi mon enfant et fais confiance. La solution s'imposera à toi d'elle-même.

... La nuit suivante, alors que toute la maisonnée est endormie, Ruphia prend sa petite couverture et quitte la maison en état de somnambulisme.

Depuis plusieurs mois, un homme de la ville fréquente une jeune femme du village. Il arrive à peu près trois fois par semaine, gare son pickup à la même place dans la cour.

A l'arrière de la voiture, de longs bancs servent de sièges. Tôt le matin, il charge la voiture de passagers allant vendre leur récolte en ville et s'en va.

Munie de sa couverture, Ruphia monte dans le pickup et se glisse discrètement sous un banc. La nuit est profonde et fraîche. Mais qu'importe, la situation n'est pas pire par rapport à ce qu'elle vit au quotidien.

... Un à un, aidés d'une lampe à pétrole, les passagers s'installent. La voiture démarre, sans que quiconque se doute de la présence de la petite fille, roulée en boule dans sa couverture.

Enfin, le pick-up arrive à la gare routière. Des citadins, en manque de produits frais, se précipitent au devant du véhicule. Ruphia profite de la cohue et saute à terre, sans être vue.

Elle s'assied sur une brique qui traînait par-là, comme pour se remettre de ses courbatures et reprendre ses esprits. Avant aujourd'hui, elle n'avait jamais mis les pieds en ville. Maintenant, elle sent un vent de panique la gagner.

Cette foule, toutes ces voitures et ces klaxons tous azimuts, lui donnent le tournis. Ses pieds tremblent. Son cœur bat la chamade. Ses forces l'abandonnent tout doucement.

Elle n'a aucun bagage, à part sa petite couverture, ses sandales en plastique, la petite culotte et la robe qu'elle porte. Tout cela lui parait à présent bien maigre, bien fragile, pour affronter le monde extra large et bruyant qui s'offre à elle.

Comment ai-je pu ? Qu'avais-je en tête ? Ai-je bien fait ? Comment vais-je m'en sortir à présent, sans argent, sans savoir où je vais, ni ce que je vais faire ?... Ces questions, elle ne cesse de se les poser à l'instant précis.

Qu'est ce que tu croyais en débarquant ainsi ? Lui demande une voix intérieure. Elle croit reconnaître la voix de la peur, la voix du découragement. Celle qu'elle s'efforce toujours d'ignorer dans ces moments-là, l'écrasant avec le doux souvenir de sa maman.

Au fond d'elle, elle sait qu'elle a bien fait de quitter ce monde de violences et d'insultes. Elle est convaincue que l'inconnu ne sera pas pire.

... Toujours à la gare routière, Ruphia ne quitte pas sa précieuse place. Elle finit par se mettre debout, tout en la surveillant. En fait, depuis, environ une heure, elle tente de refouler l'envie de faire pipi. Elle sent que sous peu, cela ne va plus être possible.

Avant même d'évoquer un début de solution, une goutte s'échappe de sa vessie et vient mouiller sa culotte, suivie de près par d'autres. Ruphia s'affole, ne sachant quoi faire.

Elles ruissellent maintenant entre ses cuisses, le long de ses jambes, avant de s'échouer discrètement par terre. Un sentiment de honte s'empare d'elle. Il l'oppresse de plus en plus.

Elle a l'impression de rapetisser et que dans quelques instants, elle deviendra si minuscule, que quelqu'un finirait certainement par l'écraser net

.

- 4 -

Ruphia regarde autour d'elle. Jusque là, personne ne semble s'être rendu compte, de son insignifiante existence et de l'objet de son sentiment d'étouffement.

Subitement, elle entend une voix s'indigner. La dame est en colère. Là voilà qui fonce, telle une furie, remontant le fin sillon laissé par terre par les urines, dont la trajectoire s'arrête pile sous son sac de vivres.

Fort heureusement, le sac est en plastique. Ruphia aurait peut-être eu la raclée du siècle.

- Eh toi là ! Lui dit-elle, tu ne pouvais pas aller faire ça ailleurs ?

Ruphia lève les yeux. Comme la dame est intimidante !

- Euch, pardon Madame. Je ne pouvais plus me retenir. Je n'ai pas fait exprès. Lui dit-elle en bégayant. Tenez, regardez, j'ai une couverture, je peux éponger votre sac avec ça.

- D'abord que fais-tu là toute seule, hein ? Où sont tes parents ?

Ruphia ne peut plus se retenir. Des grosses larmes inondent maintenant son visage. Elle pense à sa mère. Elle ne serait pas là si elle était encore en vie.

La femme s'adoucit :

- Comment t'appelles-tu ?

- Ruphia.

- Tu as quel âge ?

- Sept ans.

- Ecoute ma petite Ruphia, je ne voulais pas te faire pleurer. Et puis, ce n'est qu'un petit pipi d'enfant sous un sac, rien de grave. Allez ! Arrête de pleurer ainsi et dis-moi où sont tes parents.

- Je n'ai plus de parents.

La dame s'approche d'elle, de plus en plus émue et la prend par les épaules.

- Je suis désolée pour tes parents. Ne pleure plus. Tu as bien quelqu'un chez qui tu peux aller ? Tu veux que je t'accompagne ?

- Non ! Je n'ai personne et je ne sais où aller.

- Et comment es-tu arrivée ici ?

- Je me suis enfuie...

- Il ne faut pas faire ce genre de choses, tu sais. C'est trop dangereux. Maintenant, ils doivent mourir d'inquiétude. Il faut que quelqu'un te ramène chez toi. Dis-moi d'où tu viens ?

- Je ne peux pas. Je ne veux pas retourner là bas.

- Mais qu'est ce qui te fait peur ainsi ?

- Mon oncle Claude. C'est lui qui s'occupe de nous.

- Et que fait-il pour que tu te mettes dans une telle situation ?

Ruphia ne répond pas.

- En dehors de lui, y a-t-il quelqu'un d'autre de ta famille ici en ville pour s'occuper de toi ?

- Je ne sais pas.

- Tu sais ma petite, tu t'es mise dans de sales draps.

- Ça signifie quoi « sales draps » ?

- Que la vie en ville n'est pas facile. Que tu n'es qu'une enfant sans défense et qu'il faut que tu retournes chez toi.

- Je n'ai plus de chez moi.

Ruphia tente de s'enfuir, mais l'affluence l'en empêche. La dame la rattrape par le bras.

- Eh bien, puisque tu refuses de me dire d'où tu viens, je vais te conduire au commissariat.

- Non pitié ! Plutôt mourir que de retourner là bas !

La dame lâche son bras, estomaquée d'entendre de pareils propos, sortir de la bouche d'une gamine. Elle l'observe avec insistance sans un mot. Puis, reprend :

- Dis-moi, comment peux-tu dire une chose aussi grave ? Est-ce si terrible, la vie avec ton oncle ?

- Oui ! C'est un enfer. Il m'insulte et me bat tout le temps...

- Que vais-je faire de toi alors ?

- Vous pouvez me prendre avec vous si vous voulez. Je sais faire plein de choses, la cuisine, la vaisselle, le repassage, travailler au champ... Allez, madame, je ne suis pas difficile, vous savez.

- D'abord, il n'y a pas de champ ici. Et tu as appris tout ça quand ?

- Je faisais avec ma tante.

- Et elle ne peut pas te reprendre ?

- Si elle m'a laissée chez mon oncle, c'est parce qu'elle ne peut plus me garder.

- Et elle est où ta tante ?

- Je ne sais pas.

- Viens avec moi. Allons tout de même au commissariat.

A ces mots, Ruphia essaie de nouveau de prendre la fuite.

- Allez, arrête de paniquer ainsi. Surtout, n'aie pas peur. Il existe certainement une bonne solution, il faut juste la trouver, d'accord ?

Elle acquiesce d'un signe de tête.

... Dans la minuscule pièce qui sert de salle d'attente, dix personnes, l'air préoccupées, attendent leur tour. Comme ça semble long !

Rongée par l'inquiétude, Ruphia se colle à sa chaise. Bientôt, ils ne formeront plus qu'un, si elle ne prend pas garde. Elle veille particulièrement à s'asseoir sur une fesse, par crainte de laisser de trace. Ce qui n'est pas très confortable.

Enfin, c'est leur tour :

- Madame, vous me dites que vous avez trouvé cette enfant, errant à la gare routière ?

- Oui !

-Vous savez, notre ville est pleine d'orphelins, la plupart livrés à eux-mêmes.

- Ah bon ?

- En effet ! Il faut dire que cette petite a beaucoup de chance de vous avoir trouvée. Au fait, pourquoi l'avez-vous conduite ici ? Nous ne sommes pas une garderie !

- Chef, je pensais que vous pouviez trouver quelqu'un pour s'occuper d'elle en attendant.

- En attendant quoi ? Et vous, pourquoi vous ne le faites pas ?

- Euch, c'est que !

L'agent la regarde sur toute sa longueur. Son sourire est ironique.

- Ah ! Vous êtes très occupée, je vois. Dans ce cas, je vais en parler au chef. Attendez-moi là.

La dame sourit, convaincue que le chef va certainement trouver une bonne solution. Celle qui lui permettra de quitter rapidement les lieux.

Au bout de longues minutes passées dans le bureau du chef, les deux hommes reviennent.

Le chef, c'est en fait un commissaire, surnommé X du fait de son prénom Xavier.

Il salue la femme d'un signe de la tête. Ses deux mains bien enfoncées dans les poches de son pantalon ample.

Le regard inquisiteur, le commissaire X l'évalue. Son regard s'attarde longuement sur la mini-jupe qu'elle porte.

Il semble avoir compris quel est son vrai métier.

- Madame, lui dit-il, en s'approchant de plus près de son visage et la regardant droit dans les yeux, sans sourciller. Ne croyez vous pas, que le hasard vous donne là, la chance de prouver que vous êtes capable de faire autre chose ?

- Ben, c'est que, ce n'était pas prévu...

- Ah, écoutez-moi ça !

Et le commissaire éclate de rire. Son collaborateur également.

- Vous voulez me faire croire que vous planifiez tout ce qui se passe dans votre vie ?

- Non !

- Car si c'est cela Madame, je donnerais cher pour avoir votre recette !

Et les deux hommes continuent à rire.

La dame s'agace, mais veille à ne surtout pas le montrer.

- Je voulais juste dire que tout cela est trop improvisé.

- Madame, personne ne programme de devenir parent.

- Mais, je ne veux pas devenir parent.

- Je ne demande pas votre avis. Vous allez devoir prendre vos responsabilités, Madame. Regardez cette innocente enfant. Où voulez-vous qu'elle aille ? Ici, elle ne connait personne à part vous. C'est vous-même qui l'avez dit.

- Mais, on ne se connait pas réellement...

L'agent renchérit :

- Ben, ça tombe bien. Là, vous aurez l'occasion de vous connaître. La façon dont elle vous regarde, Madame, prouve qu'elle a confiance en vous et qu'elle vous a déjà choisie. Alors, ne la décevez pas.

Ruphia acquiesce, espiègle.

- Asseyez-vous là et attendez-moi ! Ordonne le commissaire en regardant sa montre.

Le ton n'admet pas de réplique. Comme il est presque midi, il se tourne vers l'agent :

- Jean, va en face et achète leur quelque chose à manger...

Le commissaire X jouit d'une excellente réputation, quand il s'agit de traquer tous ceux qui tentent de contourner la loi ou de boycotter les valeurs familiales. Son autorité et son sens des responsabilités suscitent généralement beaucoup d'appréhension et de respect.

Les fesses collées sur la chaise depuis de longues minutes, la femme se demande ce qu'il peut bien lui vouloir. De temps à autre, elle foudroie d'un regard revolver, l'agent d'accueil, frustrée de ne pas être en mesure, de lui extirper la langue de sa cavité.

Par moment, elle regarde Ruphia. Confortablement installée dans le bureau de l'agent, celle-ci occupe son temps, dessinant on ne sait quoi, très à l'aise.

Mon dieu, comme c'est beau d'être enfant ! Pense-t-elle. Ruphia est dans la M... jusqu'au cou. Pourtant, là voilà, très à l'aise. Elle ne se souvient pas avoir été ainsi dans sa vie antérieure, pas une seule fois.

Elle regarde sa montre et réalise subitement qu'il est déjà quatre heures de l'après-midi. Son inquiétude s'accroit au fil des minutes. Tout comme le sentiment de s'être fait avoir.

Elle espérait que les deux hommes allaient la débarrasser de la petite fille. Au lieu de cela, la voilà coincée là et une journée perdue à jamais !

... A quelques minutes de la fermeture des locaux, le commissaire X l'invite à le suivre dans son bureau. Tandis que Ruphia se tient à l'écart.

- Madame, j'ai pris le temps de réfléchir et j'en suis arrivé à la conclusion suivante : c'est vous qui allez prendre soin de cette enfant. Il n'y a pas une autre solution. Elle n'a personne ici en ville à part vous. Vous travaillez, -propos accompagné d'un petit sourire moqueur- , donc vous pouvez subvenir à ses besoins.

- Mais...

Il ne la laisse pas continuer.

- Mon chauffeur et moi allons donc vous ramener chez vous, afin de voir où vous habitez. Nous passerons de temps en temps, voir si tout va bien.

- Chef, je...

- Non ! Madame, je ne vais pas vous écouter. Juste une dernière chose : n'essayez pas de déménager sans m'avertir. Je vous retrouverai où que vous alliez. Comme je vous l'ai dit, la providence vous donne aujourd'hui, la chance de montrer que vous savez faire autre chose. Je compte donc sur vous. Et surtout ne me poussez pas à être méchant.

Tout en l'écoutant, la dame ne peut ignorer ce sentiment d'être prise au piège, qui, ne la quitte plus. Tout comme la révolte qui gronde en elle, mais qu'elle ne peut exprimer, par crainte des représailles.

Puis, il y a un autre problème : elle partage le logement avec deux autres filles. Comment vont-elles le prendre ?

... Après du temps passé dans les embouteillages, la voiture s'arrête finalement devant un chemin de quartier. Des personnes reconnaissent le commissaire X. Ce qui provoque immédiatement un attroupement.

- Que se passe t-il ? Qu'est ce qu'elle a fait ?...

Ils doivent continuer sur un chemin non goudronné. La manœuvre est laborieuse. La voiture s'engouffre dans le quartier, toujours suivie par la foule. Finalement, elle s'arrête devant une maison en terre battue.

Le commissaire sort un billet de 2000 FCFA de sa poche et le remet à la dame.

- Au revoir Monsieur et merci beaucoup. Lui dit Ruphia.

- Bonne chance mon enfant ! Nous nous reverrons bientôt ! Lui lance t-il, tandis que la voiture fait demi-tour.

... L'étonnement se lit sur les visages :

- Hé ! Qu'as-tu fait ?

- Mais rien !

- Hé ! Tu as des ennuis ?

- Pas du tout !

- Et c'est qui cette petite fille ?...

Ses deux copines rejoignent rapidement le groupe, mais elles peinent à avancer.

- Louise ! Que se passe t-il ? demande une des filles.

- Rien !

- Et cette enfant ?

- Je vous raconterai tout à l'heure.

L'une des filles s'offusque de voir autant de monde dans la cour :

- Vous là ! Ça suffit ! Circulez ! Il n'y a rien à voir ! Crie-t-elle.

La foule se disperse.

Louise avait rencontré ses deux amies, Annie et Monique il y a environ cinq ans. Des filles qui, selon l'expression bien de chez nous, « cherchaient la vie » comme elle.

Leurs histoires sont assez similaires. Mal aimées, vivant à la campagne et sans instruction. Exercer le plus vieux métier du monde leur avait semblé, le moyen le plus sûr, pour fuir la pauvreté. Puis, elles sont devenues très proches et forment maintenant une véritable famille.

Le fonctionnement mis en place, leur permet de préserver l'équilibre moral de chacune et le peu de dignité qui leur reste, de gérer le quotidien, mais aussi d'aider leurs familles respectives.

Une grande boîte en aluminium, placée discrètement, derrière ce meuble désuet qui leur sert de buffet, fait office de banque. C'est là qu'elles déposent chaque matin leurs recettes.

A la fin du mois, les trois filles se réunissent et décident de l'utilisation réservée au reste de l'argent, une fois les dépenses courantes soldées. Toutes les décisions sont prises à trois, sauf dans le cas présent.

Une fois à l'intérieur, Louise relate en détail les évènements...

- Tu es folle ou quoi ? Décidément, tu as l'art de te mettre dans des situations compliquées.

- Qu'auriez-vous fait à ma place ? Vous savez bien qui est le commissaire X... J'ai essayé, il n'a rien voulu savoir.

- Il ne fallait pas t'en mêler tout court. Il fallait la laisser là où elle était ! Et en plus maintenant, nous avons X dans les pattes !

- Nous n'avons rien à nous reprocher. Il n'y a donc pas de raison d'avoir peur de lui. En attendant, nous sommes épuisées. La petite a vraiment besoin de se reposer. Dans quelques jours, on verra plus clair.

- De toute façon, nous n'avons plus le choix. Mais élever un enfant, ce n'est pas notre truc.

- Soit ! Mais X nous surveille !

- Merci Louise ! Il ne manquait plus que ça !

- Allez, les filles ! Laissez-moi tranquille ! Ma journée a été suffisamment éprouvante.

Louise se dirige dans sa chambre avec l'enfant, laissant ses deux amies coites.

… La première semaine, à l'exception de Louise, les deux autres se tiennent à l'écart, feignant de ne pas voir l'enfant. Mais, Ruphia se révèle être une petite fille gentille et dégourdie.

L'agacement et la méfiance des deux femmes ne l'affectent point. Au contraire, elle a l'art de se montrer aimable face à l'hostilité, respectueuse face à l'injure, attentive face à l'indifférence.

La dure expérience avec son oncle, a fait d'elle une vraie petite maîtresse de maison. Louise constate qu'elle avait dit vrai. Elle les aide dans tout. Les filles sont incontestablement toutes conquises. Monique lui a même offert une poupée l'autre jour. Quelle joie pour elle qui n'en a jamais eue !

Au-delà de sa volonté et de son rayonnement, Ruphia continue de souffrir. La nuit, il lui arrive de parler et de pleurer en dormant, appelant Belle, Atina, grand-mère Josépha, tonton Aimé et Magui. C'est toujours les mêmes noms qui reviennent. A ce moment là, Louise la serre fort contre elle.

A la gare routière, elle avait compris que Ruphia voulait définitivement tirer un trait sur sa vie antérieure. Peut-être reviendra-t-elle un jour sur le sujet ? Elle sera là pour l'écouter.

Au terme de la première semaine, les filles reçoivent la visite du commissaire X. Ruphia se jette sur les gâteaux et le pain qu'il lui a apportés... En partant, il remet encore une fois des billets à Louise.

A la deuxième visite, il ne manque pas d'exprimer sa fierté face à l'ensemble des progrès constatés.

... Au départ, les voisins et autres personnes du quartier se contentent de les observer de loin. Ils sont convaincus que ces trois femmes, jusque là célibataires, n'ont aucune fibre parentale. Ils ne tardent pas à réaliser leur erreur d'appréciation.

Finalement, la présence de Ruphia apporte un surplus de gaité et de dignité à la vie des trois femmes. Avec ses nouvelles copines de quartier, Ruphia renoue avec les joies de l'enfance. Elle découvre aussi de nouveaux jeux.

Elle constate avec fierté, que de nombreux jeux, tels que sauter à la corde, jouer à la marelle ou à cache-cache sont communs à la ville et la campagne.

Elle sait maintenant comment faire pour contraindre les voitures à s'arrêter pour passer et pour ne pas se faire arnaquer par les vendeurs de tomates... Ses mamans lui ont entièrement refait la garde robe et l'ont inscrite à l'école publique de son quartier. La même que ses amies.

La veille de la rentrée, le commissaire X leur rend visite :

- Comment te sens-tu ? Demande t-il à Ruphia.

- Bien. Mais j'ai un peu peur.

- Peur de quoi ?

- Que les enfants se moquent de moi.

- Pourquoi cela ?

- Je ne sais pas.

- Et toi, tu te moquerais d'eux ?

- Non, c'est méchant.

- Alors mon enfant, dis-toi bien qu'ils ne le feront que si tu leur en fournis l'occasion. Il faut tout de même savoir que les jours de rentrée en général, les anciens observent les nouveaux.

Alors, si quelqu'un te sourit, rend lui son sourire. Si quelqu'un te fixe avec hostilité, adopte la même attitude. C'est ainsi que petit à petit, on se fait respecter et tisse des liens d'amitié. Et surtout, ne montre jamais que tu as peur.

La journée de Ruphia à l'école se passe relativement bien. La vue de ces enfants qui se connaissent presque tous, l'intimide quelque peu. De retour à la maison :

- Et alors ? Lui demande Monique.

- Je n'osais pas lever la main alors que j'avais les réponses.

- Ce n'est pas grave.

- Je vous promets de faire mieux la prochaine fois.

- Et avec les autres enfants ?

- Bien. A la récréation, j'ai fait connaissance avec Anaïs. Nous sommes restées ensemble toute la journée. Elle est très gentille.

- Et elle habite où ?

- Pas très loin d'ici je crois. Je ne me rappelle plus.

... Tandis qu'au village, les recherches pour retrouver Ruphia se poursuivent. Atina, Josépha et Belle ne cessent de pleurer. Atina soupçonnant Claude d'avoir tué et enterré la fillette dans un champ.

Elle a envoyé le chauffeur chez Magui. C'est tout le village qui maintenant pleure Ruphia. Magui est dans tous ses états. Aimé se sent coupable. Il est venu avec ses cousins prêter main forte à la famille Tenda.

Ils ont amené avec eux un sorcier réputé. Depuis la matinée, ce dernier fait des incantations, déambulant à travers champs. Cacaoyères, champs de manioc... sont passés au peigne fin, sans succès. Le marabout est convaincu que Ruphia n'est pas enterrée dans les champs.

Au bout de deux jours, Aimé est retourné chez lui meurtri. En désespoir de cause, les anciens ont tenu une réunion chez Josépha. Claude y a été convié. Puis, il s'en est suivi un long interrogatoire :

- Dis-moi mon fils ! Où est Ruphia ? Commença le plus âgé des patriarches.

- Je ne sais pas et ce n'est pas mon problème. Et d'ailleurs, pourquoi vous me posez la question ?

- Parce que cette enfant vivait sous ton toit et que maintenant, elle a disparu.

- Qu'essayez-vous de me dire ? Je ne lui ai rien fait.

- Rien du tout. Nous voulons juste savoir où elle est. Nous n'avons pas oublié la sordide histoire avec son père.

- Autant m'accuser une bonne fois de meurtre !

- Puisque tu parles de meurtre, qu'est-il arrivé à l'enfant ?

- Je vous ai déjà répondu à ce sujet. Je n'en sais rien.

... Au bout d'un temps interminable, il lui dit :

- Claude mon fils, voici ce que nous allons faire. Tu connais la puissance de cette boisson n'est ce pas ?

Le patriarche lui tend un verre contenant un breuvage à l'aspect violacé. Une boisson composée de nombreuses plantes traditionnelles, le tout broyé. Ses effets sont similaires à ceux d'un sérum de vérité.

Claude ne répond pas.

- Eh bien, tu vas la boire devant nous. Si tu n'as rien fait à notre petite fille, il ne t'arrivera rien. Mais si tu nous as menti, tu verras toi-même.

Claude saisit le verre et le vide aussitôt. Puis s'en va, laissant la réunion se poursuivre.

... Toujours aucune nouvelle de Ruphia. Deux thèses subsistent : celle d'une fugue et celle d'un meurtre. Dans l'une et l'autre, aucune preuve ou élément permettant de poursuivre l'enquête. Atina s'en remet à Dieu.

... En ville, la troisième semaine passe, la quatrième, puis un mois, trois, quatre, six, sans que quiconque ne vienne réclamer Ruphia.

Voyant que tout va bien, le commissaire propose à Louise de légaliser la situation dans une mairie. En quelques minutes, Louise devient la mère légale de Ruphia. Quel bonheur !

A la place du père, on peut lire : inconnu.

Le commissaire X en profite pour leur faire ses adieux.

- 5 -

… La vie continue. Les filles prennent de plus en plus au sérieux leur rôle de parent. Louise est la mère de Ruphia uniquement aux yeux de la loi. En réalité, elles se considèrent toutes comme parents de l'enfant.

Elles mettent un point d'honneur à diviser par trois, chaque dépense en lien direct avec la petite fille. Lorsque Ruphia parle d'elles, elle dit toujours : « mes mamans » ou alors : « maman Louise », « maman Annie », « maman Monique ».

… Libérées du commissaire X, les trois femmes se sentent plus légères. Un soir, Louise leur dit :

- Les filles, je crois qu'il est temps de réaliser notre projet d'aller vivre au Gabon. Qu'en pensez-vous ?

- Et Ruphia ?

- Quelle question ! Elle vient avec nous !

- Ce n'est pas ce que je voulais dire. Je pensais surtout à ses amies. Elle s'est habituée à la vie ici ? Dit Annie.

- Et dans une maison en terre battue ! Quelle ambition ! Ironise Monique. Elle est petite, elle se fera de nouvelles copines là-bas. C'est ainsi la vie.

- Eh bien les filles ! Voici ce que je vous propose : toi, Monique, ta cousine est déjà au Gabon. Ce qui est un grand avantage pour nous. Tu n'as qu'à y aller et nous trouver un logement. Nous avons assez d'économies...

- Prends-nous quelque chose à proximité du centre ville et d'une école. Ce sera plus facile.

... Deux ans plus tard. Ah, le Gabon ! L'eldorado de leurs rêves ! Il suffit d'observer le train de vie de certains compatriotes. Ils travaillent, habitent de luxueuses villas...

L'ascension sociale des filles est évidente. Le quartier choisi se trouve à proximité du centre ville, non loin des commerces, à dix minutes à pied de l'école et collège de jeunes filles.

A quelques minutes de marche, la société HST pétrole, une multinationale, rayonne dans toute sa splendeur.

La maison est située dans un lotissement. L'entrée de chaque bâtiment donne sur une grande terrasse, entourée d'une petite haie, arrivant à mi genoux. Son rôle est de délimiter les territoires privés.

Au-delà, c'est la cour collective. Le promoteur a eu la bonne idée de cet espace. Il sert de terrain de jeux pour les enfants et opportunément, de stationnement, lors des aménagements et déménagements.

... La maison est grande. Ruphia a enfin une chambre bien à elle ! Elle est aux anges. Jamais elle n'avait imaginé avoir un royaume à elle toute seule.

La salle de bain, à elle seule, représente deux fois la chambre qu'elle partageait avec

Louise. Elle s'y plait bien. Il lui arrive même de s'y installer pour jouer avec sa poupée préférée.

Quant à ses mamans, chacune possède évidemment sa chambre.

... L'arrivée des filles bouleverse quelque peu la tranquillité des épouses des environs. Le jour de leur installation, les gens s'étonnent de voir débarquer trois femmes seules et avec juste un enfant.

Les épouses chuchotent entre elles... Le lendemain :

- Ils arrivent quand les messieurs ? Demande la voisine la plus proche.

- Il n'y a pas « des messieurs ». Lui répond calmement Louise.

- Ah ! S'exclame-t-elle.

Puis, elle disparait dans sa maison. L'après midi, là voilà, traversant la place, se dirigeant vers la maison d'en face. D'autres femmes les y rejoignent :

- Vous vous rendez compte, elles sont toutes célibataires ! Annonce celle qui tient le scoop.

- Il va falloir avoir nos hommes à l'œil ! Dit l'une.

- Tout à fait ! Approuve l'autre...

Tout en continuant, elles jettent des regards hostiles en direction de la maison des filles. Les cinq femmes sont toutes des mères au foyer, mariées avec des cadres.

Les jours suivants, elles ne cessent d'épier les filles. Dès qu'un de leurs enfants s'approche de la haie pour faire connaissance avec Ruphia, la maman sort de chez elle, se précipite et ramène son rejeton illico chez elle.

Un manège qui, pour Ruphia, a quelque chose de réchauffé. Depuis leur arrivée, ses seules amies pour l'instant, sont ses mamans. Avec elles, elle s'amuse bien. Souvent, leurs jeux sont sur tout et n'importe quoi : grimacer, imiter le chant du coq... Cela suffit, pour se sentir bien.

Il y a quelques jours, le mari de la voisine d'en face, a eu un élan de sympathie en venant saluer les filles, question de faire un brin de causerie. Oh, scandale !

De retour chez lui, sa femme l'a accueilli à coups de coussin sur la tête, en vociférant :

- Tu crois que je ne te vois pas les bouffer du regard ?

- Ce n'est pas vrai ! Je t'interdis de dire n'importe quoi !

- Si jamais tu sors avec l'une d'entre elles, je te coupe ce que tu as entre les jambes ! Tu entends ?

Avec ses bras bodybuildés, son mari a peur qu'elle ne mette son plan en exécution. Depuis ce jour, il rase les haies, évitant soigneusement de tourner la tête du côté des filles

Ces dernières se doutent bien de l'origine du malaise.

... Tandis que les voisines surveillent leurs maris, les filles elles, prennent leurs marques, regardant leur manège avec un amusement affiché.

Hormis ces petits désagréments, l'emplacement de la maison présente de nombreux avantages : accessibilité des commodités à pied, les filles n'ayant pas de voiture.

Il offre surtout le repérage facile des cibles fortunées. Car à ce niveau, il y a aussi du changement. Elles sont devenues plus ambitieuses. Elles ne visent désormais que les cadres supérieurs. Pour y arriver, elles s'en donnent réellement les moyens : garde robe de marque, un peu de gymnastique cognitive...

Grâce à la curiosité intellectuelle de Ruphia, elles acquièrent elles aussi, une petite culture. Elles se surprennent même à feuilleter les livres scolaires de leur fille et à lire des magazines. Qui l'eut cru !

Chaque fois qu'elle peut, Ruphia leur restitue des éléments de ses séquences pédagogiques. Avec cela, elles ont maintenant une locution moins arrachée. Elles arrivent même à tenir une conversation dans un français presque correct. Cet exercice permet également à Ruphia de renforcer ses connaissances. A l'école, elle est réputée avoir une bonne mémoire.

Pour attirer l'attention de leurs cibles, les filles ont mis en place une stratégie assez scénique :

Après avoir identifié le bon client, l'une arrive au moment où ce dernier se dirige vers sa voiture. Puis, elle feint un malaise du style : « Je ne me sens pas très bien, j'ai la tête qui tourne », « J'ai besoin d'aide... », « Je viens de perdre mon portefeuille et mes pièces d'identité »...

Une tactique qui semble marcher à tous les coups. Les gentlemen n'hésitant pas à secourir une belle en détresse et surtout, largement disposés à faire plus ample connaissance. Très vite, chacune étoffe son carnet d'adresses.

En peu de temps, les chaises en rotin bancales récupérées chez la cousine, sont remplacées par un canapé en cuir et une belle salle à manger. Ce sont les cadeaux du nouvel ami d'Annie, Jean-Eudes, un gabonais, directeur d'une banque.

L'homme est marié et père de trois enfants. Il est l'ainé de sa famille. Pour ses parents, trois enfants, c'est trop peu. Il aimerait en avoir d'autres, mais sa femme ne peut plus en faire.

Il semble très amoureux d'Annie. Elle aussi. Ce qu'il apprécie chez elle, lui dit-il souvent, c'est sa stabilité, chose rare dans ce milieu. Il a confiance en elle. Annie se sent flattée.

Petit à petit, leur relation se transforme en « deuxième bureau », autrement dit « maîtresse attitrée et deuxième foyer ». Annie ne sort plus la nuit.

Jean-Eudes se partage désormais entre son domicile conjugal et celui de sa maîtresse. C'est d'ailleurs lui qui paye maintenant l'intégralité du loyer. Les filles peuvent ainsi s'occuper aisément de leurs familles respectives.

La présence régulière de cet homme chez les filles, leur apporte plus de sécurité et de respectabilité. Même les voisines sont devenues moins hostiles. Et depuis peu, elles laissent même leurs enfants jouer avec Ruphia.

La femme et les enfants de Jean-Eudes leur ont rendu visite il y a quelques jours. L'ambiance était conviviale. Leur fille est devenue copine avec Ruphia. Il a d'ailleurs été convenu qu'elles se verront souvent.

Ce jour là, la voisine la plus proche est venue s'incruster pendant plus d'une demi-heure. A peine sont-ils partis, qu'elle fait à Annie :

- Et alors, il compte t'épouser ?

- Pourquoi tu ne lui demandes pas directement ? La prochaine fois, n'hésite pas.

Monique quant à elle, croque la vie à pleines dents. Ses histoires d'amour ne durent pas bien longtemps. A chaque fois, c'est le copain qui est affublé de défauts, jamais elle.

Néanmoins, elle se plait à acheter des jouets à Ruphia. Parfois, Louise la chahute, lui reprochant de devenir gâteuse. Son copain du moment, un certain Loïc, est passé l'autre jour avec ses deux cousins menuisiers, pour aménager la cuisine.

En deux semaines, tout était fini. Monique a tenu à ce qu'elle soit, comme celle qu'elles avaient vue dans le magazine « Femmes Actuelles ». La voisine d'à côté les envie et commence à réclamer la même cuisine à son mari.

… Plus que tout, c'est le changement de Louise qui est spectaculaire. On dirait que Ruphia est entrée dans sa vie, pour la chambouler de façon conséquente.

Depuis l'épisode du commissariat, elle réalise de plus en plus être passée à côté de son enfance. Il ne se passe de jour, sans qu'elle ne regrette d'avoir choisi une vie, qui à ses yeux, apparait aujourd'hui comme un choix de facilité.

Chaque fois qu'elle regarde Ruphia, elle ne peut s'empêcher de se dire : « ta vie aurait certainement été différente, si tu avais eu, ne serait-ce que la moitié du courage de cette enfant ! Il n'est peut-être pas tard pour changer les choses ».

Elle sort de moins en moins la nuit, déterminée à montrer le bon exemple à sa fille. Elle l'accompagne à l'école, assiste aux réunions des parents...

Ses jupes sont coupées à la bonne hauteur, le maquillage léger. Elle est coquette, juste assez, sans être provocante. Tout ceci lui donne une allure de femme respectable et séduisante.

Bonne cuisinière, elle se plait à faire de bons plats pour tous. La cuisine est devenue son royaume. Au grand soulagement des deux autres qui ne sont pas de véritables fées du logis.

... Chaque fois, qu'elle longe l'allée bordant le grand parc central en rentrant chez elle, Louise croise un homme. Ils se regardent sans un mot, chacun souriant des yeux à l'autre.

Ce matin là, une voix la fait sursauter :

- Pardon ! Excusez-moi, je ne voulais pas vous faire peur. Vous habitez le quartier ?

- ... Et vous ?...

Depuis ce jour, Gaétan et Louise ne se quittent plus. Gaétan est arrivé au Gabon à l'âge de quatre ans avec ses parents, tous deux aujourd'hui décédés.

Son père était diplomate. Ils venaient de la Guinée Equatoriale, juste à la frontière avec le Cameroun. Il n'a jamais remis les pieds là bas.

Lui, travaille dans une grosse entreprise spécialisée dans les hydrocarbures. Il y a trois ans, son épouse l'a quitté du jour au lendemain, pour s'envoler vers l'Italie avec un de ses collègues, un coopérant italien.

Elle est partie, en amenant leurs deux enfants âgés de onze et treize ans. Il reçoit systématiquement une carte de remerciement de leur part, chaque fois qu'il leur envoie de l'argent.

Gaétan souffre de solitude. Il est timide et son éducation chrétienne l'empêche de courir les filles, comme font ses collègues et amis. D'ailleurs, il en est devenu la risée. Ceux-ci le surnommant gentiment le « saint ».

Il voit en Louise une nouvelle chance d'être heureux. Deux mois plus tard :

- Dis, pourquoi ne viens-tu pas habiter chez moi ?

- Mais, je suis très bien chez moi. Et pourquoi cette question ?

- Parce que pour moi, ce que nous vivons n'est pas une passade. J'ai envie de finir mes jours avec toi.

- Dis, tu n'es pas en train de me faire une demande en mariage ?

Gaétan hausse les épaules.

- Ce n'est pas un peu tôt ? Nous nous connaissons à peine.

- Rien n'est tôt quand on est sûr de ses sentiments.

- J'en suis honorée. Comme tu le sais, j'ai un enfant et deux sœurs. Nous avons toujours vécu ensemble. Je ne peux prendre cette décision à la légère. Laissons le temps faire, tu veux bien ?

- Je comprends. La balle est désormais dans ton camp.

... Louise se souvient encore de leur première sortie officielle. La plupart des collègues de Gaétan étaient venus avec leurs deuxièmes bureaux. Comme ils l'avaient tous examinée en détail !

A la question :

- Que faites vous dans la vie ?

Gaétan s'était empressé de répondre :

- Elle vient juste d'arriver. Laissez-lui le temps de se retourner.

Comme elle lui en était reconnaissante ! Sans son intervention, c'était l'humiliation assurée.

Tandis que les hommes discutaient, les femmes faisaient connaissance de leur côté. De temps en temps, Gaétan jetait un regard rassurant dans sa direction.

Malgré la sympathie affichée, Louise constate qu'elles ont toutes de bons niveaux et travaillent. Elle réalise aussi avec déception, que la raison pour laquelle ces filles s'intéressent à elle, c'est Gaétan, le bon parti. Elles l'envient.

Louise est mal à l'aise. Elle ne s'est jamais accrochée coûte que coûte à un homme. Sur le chemin du retour :

- Gaétan, tu as vu ces filles ?

- Vu quoi ?

- Il fallait les entendre ! On dirait qu'elles n'attendent qu'une chose, se faire mettre la bague au doigt, alors qu'elles ont de bons niveaux d'instruction ! Comme c'est révoltant ! J'aurais aimé avoir leur chance...

- Leur chance ?

- Oui ! Moi, je n'avais personne pour me payer les études.

- Et tu aurais aimé faire quoi ?

- Je ne sais plus trop. Avec le temps, j'ai cessé de rêver.

- Cela ne répond pas à ma question. Tu aurais aimé faire quoi ?

- Petite, j'admirais beaucoup la tante d'une copine qui avait un pressing. J'aime entretenir le linge et je pense que j'aurais fait une bonne teinturière.

- Dans ce cas, tu n'as qu'à faire une formation pour avoir une bonne connaissance du métier et ouvrir ton pressing.

Louise éclate de rire.

- Moi ? Tu te moques de moi ? Je suis trop vieille pour ça.

- A trente cinq ans ?

- Oui !

- Je suis sérieux. Si c'est vraiment ton rêve, fais en sorte de le réaliser. Et puis, quand je dis formation, je ne parle pas du collège ou du lycée.

- Laissons tomber. Même si je veux, je n'aurai pas les moyens suffisants pour cela.

- Je peux t'aider si tu veux.

- Merci Gaétan. Honnêtement, je ne pense pas.

- Peux-tu au moins creuser cette piste ?

- Merci bien, je te promets d'y réfléchir.

De retour chez elle :

- Hé les filles ! Ecoutez-moi ça ! Dit-elle en riant. Gaétan veut que je retourne à l'école !

- Et alors ? Réplique Monique.

- Et c'est ce qui te fait rire ainsi ? Renchérit Annie.

- Evidemment !

- Il n'y pas de quoi rire.

- Attendez ! Vous vous moquez de moi, vous aussi ? Moi, aller à l'école ?

- Pourquoi pas ?

- Assez rigolé ! Parlons d'autres choses !

- Non, on n'a pas fini ! Moi, je t'y vois bien. Dit Monique. Je sais que tu peux y arriver. La preuve, ici à la maison, c'est souvent toi qui prends les grandes décisions de notre vie et elles sont souvent bonnes.

- C'est vraiment ce que tu penses de moi Monique ?

- Oui ! Si tu n'avais pas eu l'idée de la tirelire, où en serions-nous ?

- Et pourquoi tu ne me l'as jamais dit auparavant ?

- Je ne pensais pas que c'était important.

- Je comprends.

- Moi aussi, je pense comme Monique. Ajoute Annie. Suis le conseil de Gaétan. Tu tiens là ta revanche. Alors, fonce !

- Ok. Je vais voir. Merci mes sœurs. Je pense qu'on devrait aussi se faire souvent des compliments. L'ennui c'est qu'on ne s'est jamais séparées.

- Il y a un début à tout.

... A l'aéroport, Louise ne réalise toujours pas ce qui lui arrive. Elle va se former pendant un an chez deux teinturières renommées d'Abidjan.

- Allez ! Va en paix. Ne te fais pas de souci pour nous, surtout pour Ruphia. Nous prendrons soin d'elle et de Gaétan aussi, d'accord ? Lui lancent les filles à l'unisson.

- Louise acquiesce de la tête.

Les accolades semblent interminables. Le cœur serré, elle s'avance dans le couloir de l'aéroport, se retournant de temps à autre, pour leur faire un signe de la main.

... A Abidjan, Louise loge dans la famille d'un collègue de Gaétan. Une charmante famille qui l'a bien accueillie. Elle s'est sentie tout de suite à l'aise.

Tout le monde l'appelle Madame Toumié, nom de famille de Gaétan. C'est d'ailleurs la première fois, qu'elle bénéficie de telles attentions.

Dans deux jours, elle débutera ses cours. En attendant, les jeunes de la famille lui font découvrir la ville.

... La rencontre avec les deux professionnelles a été positive. Louise a pu visiter les locaux et les outils de travail. Elle croit en avoir reconnus certains. Elle les avait vus chez la tante de sa copine, il y a longtemps. Tout à coup, les choses lui paraissent simples.

Ses horaires sont ceux du rythme scolaire. Si bien que les chauffeurs de la famille, la déposent en même temps que les enfants. Ce qui tisse de véritables liens. Ils l'appellent tous, tante Louise. Le plus petit l'appelle Talou.

Louise participe à la vie de la maison. Elle se plait à leur cuisiner des plats camerounais et gabonais et s'appuie sur les bonnes, pour apprendre quelques recettes ivoiriennes.

La nuit, dans le calme de sa chambre, elle pense souvent à Ruphia et du rôle qu'elle a joué dans cette reconversion. Elle lui en sera éternellement reconnaissante.

... La partie théorique de la formation s'avère difficile. Louise s'accroche. Quand elle rentre le soir, après le repas, elle s'empresse de réviser ses cours.

Elle, s'impatiente de travailler de ses mains et espère en finir au plus vite, pour retrouver sa petite famille qui lui manque tant. Même les coups de fil quotidiens de Gaétan, ne suffisent pas à combler le vide qu'elle ressent chaque nuit.

... A la phase pratique, l'intuition de Louise et la créativité dont elle fait preuve, s'avèrent être des alliés incontournables. Les perspectives de réussite de son projet sont incontestables. Madame Tassa, la première tutrice, envisage même, dans un avenir proche, de faire des affaires avec elle...

... La formation vient de se terminer et Louise est de retour. Elle a rejoint Gaétan. Maintenant, Ruphia se partage entre ses trois mamans. Elle reste avec Louise et Gaétan en semaine et le week-end, elle habite avec Annie et Monique.

Le premier pressing de Louise est toujours bondé, la plupart des clients étant les employés de HST Pétrole, les femmes du lotissement et ceux avoisinants.

Comme elle est loin, l'époque de galère ! A les voir toutes les quatre, personne ne peut se douter par quoi elles sont passées. Louise et Gaétan se marient peu de temps après. Une cérémonie grandiose. Elle ouvre un deuxième pressing.

Le programme d'extension des activités sur Abidjan, en collaboration avec Madame Tassa se concrétise la même année.

Dans chacun des pressings, elle a eu la bonne idée d'y créer un espace de détente, composé d'un bar et d'un salon de coiffure. Depuis, ça ne désemplit pas.

Elle emploie aujourd'hui Monique, Annie et dix autres personnes. Ruphia vient également en renfort pendant les vacances et parfois en périodes de forte affluence.

... Quant à Annie et Jean-Eudes, ils attendaient le retour de Louise pour convoler en secondes noces. Depuis, c'est chose faite. Annie attend même un enfant. Au grand bonheur de tous.

Seule Monique continue à mener une vie dissolue, mais sans éclat honteux. Elle vit toujours avec Annie et Jean-Eudes, qui n'ont rien changé à leurs habitudes. Ruphia et elle attendent impatiemment la venue du bébé.

... Les trois femmes évoquent souvent l'avenir de Ruphia :

- Moi, j'aimerais qu'elle soit médecin !

- Moi, enseignante !

- Moi, architecte !

- Moi, comptable !

- Moi, banquière !

- Moi, avocate !

...

- Moi, je veux être couturière ! Dit fièrement Ruphia.

La première fois, ses mamans attribuent cette déclaration, à un simple petit rêve d'enfant. La troisième fois, les propos de la fillette sont suivis de commentaires peu élogieux :

- C'est tout ce que tu as trouvé ?

- Tu ne veux tout de même pas aller chez les « papiers hygiéniques » !

Au Cameroun, les apprenties couturières portent un uniforme de couleur rose. D'où cette appellation.

- Tu ne vas pas gâcher tes capacités, ainsi !

- Choisis un vrai métier et non ça !

- Ce sont les gens qui n'ont pas le choix qui font ces métiers là !

- Hé, les filles ! Vous ne trouvez pas que c'est déjà une bonne chose, qu'elle ne veuille pas faire comme nous ?

- Hé Monique ! Arrête de parler comme si nous étions du caca ! Et puis, c'était il y a longtemps.

... Malgré leurs réserves, Ruphia persiste. Le seul métier qu'elle veut faire, c'est celui-là.

- 6 -

... Les années se sont écoulées. Dans quelques jours, c'est la remise des diplômes de fin d'études, l'équivalent du Bac.

Allongée dans son lit en formica vintage, Ruphia observe sans regarder quelque chose de précis, le plafond blanc aux décorations fleuries. Comme à chaque fois, cela lui procure un sentiment d'évasion empreint de nostalgie.

Ses souvenirs sont lointains et vagues. Elle se voit petite, marchant en titubant dans un jardin fleuri, à proximité d'une église. Elle entend la douce voix de sa maman, la conseillant d'aller moins vite pour ne pas tomber... Ça doit être l'église de mon village. Se dit-elle.

Elle ressent la chaleur, au contact de sa peau, de ces larmes qui, pendant des années, ruisselaient doucement et baignaient son petit oreiller. Pour la première fois, ses pensées la ramènent aux événements précédant sa fuite.

Ce jour-là, l'oncle Claude vient encore une fois de la frapper, la traitant de bonne à rien comme son père. Et Atina, lui nettoyant les blessures avec de l'alcool. Aie ! Comme ça pique !

Il se lâche, racontant des insanités sur son père et vantant le courage de celui qui l'avait tué. Sans omettre de regretter de ne pas l'avoir fait des années plus tôt...

Qu'est-ce qui justifie une telle haine ? Ruphia veut connaître la vérité sur sa famille une bonne fois pour toute.

- Maman, pourquoi oncle Claude est si méchant avec moi ? Et toutes ces méchancetés qu'il dit !

- C'est très compliqué à expliquer.

- Pourquoi ?

- Tu es encore un bébé.

- Tu penses que je ne comprendrai pas. C'est cela ?

- Oui !

- Tu te trompes. Je suis grande maintenant et je peux comprendre. Je veux tout savoir sur ma famille.

- Non, Allez, ne te soucie pas de ce genre de choses.

- Non maman ! S'il te plait, j'ai besoin de savoir pourquoi l'oncle Claude en veut tant à papa. Et pourquoi il est si méchant.

- Ben.

- C'est vrai que c'est à cause d'une femme qu'il a été tué ?

- Oui.

- Et ma maman, il ne l'aimait plus ?

- Non, ce n'est pas cela. Il adorait ta maman. C'était juste un moment de faiblesse. Cela peut arriver dans un couple.

- Mais toi et oncle Claude, ça ne vous est pas encore arrivé.

- Euch, euch...

- Ne sois pas gênée ainsi. Il me faut savoir si tout ce que l'oncle Claude a dit est vrai. Tu l'as bien entendu ? Il a traité papa de fils de meurtrier...

- Tu veux vraiment connaître la vérité ?

- Oui !

- Alors, viens et assieds-toi avec moi. Je veux te raconter une histoire : *« Il était une fois, deux frères. L'ainé dépassait l'autre en tout point de vue. Il était beau et travailleur. Il était le préféré des parents. Les filles voulaient toutes se marier avec lui. »*

- Toi aussi ?

- Oui.

- Et alors ?

- Attends la suite. *« Le petit frère vivait à l'ombre de son grand frère. Il avait beau essayer d'égaler son grand frère, rien ne marchait. Il déployait tant d'effort à lui ressembler qu'il en devint aigri, jaloux et malsain. »*

- Et c'est l'oncle Claude ?

- Oui !

- Et c'est qui son grand frère ?

- Le père de ton papa. Donc ton grand père.

- Ah, bon !

- *« Comme le grand frère ne se décidait pas à se marier, son père lui imposa d'épouser une jeune fille avec qui il eut cinq enfants que tu connais ».*

- Tu parles de Belle et …

- Oui. *« Le grand frère n'était pas heureux. Il n'aimait pas la fille. »*

- Et elle s'appelait comment ?

- Jeanne Odile. *« Et un jour, il l'amena dans la forêt, la tua et enterra le corps. »*

- Ça fait peur cette histoire ! Tu es sûre de ne pas l'avoir inventée ?

- Non. Tu voulais connaître la vérité, n'est-ce pas ? Eh bien, là voilà ! *« Pendant des jours et des mois, on la chercha sans résultat. Papa Tenda et Josépha étaient meurtris. Belle et ses frères pleuraient tout le temps... Seul ton père gardait toujours et toujours l'espoir. »*

- Donc Belle et... ont les mêmes parents que mon papa. C'est cela ?

- Oui.

- Et pourquoi, on ne me l'a pas dit clairement ?

- Parce que c'était plus facile pour vos relations. Regarde, Belle par exemple, tu te vois en train de l'appeler maman ou tata ?

- Non. Je comprends. Et ensuite ?

- *« Puis, le grand-frère se remaria avec une fille qu'il aimait depuis toujours »*.

- Et c'est qui cette fille ?

- Devine !

- Toi ?

- Oui.

- Donc, tu n'as pas toujours été la femme de l'oncle Claude ?

- Oui. *« Et un jour, on découvrit le secret du grand frère »*

- Comment ?

- Ce serait trop long à expliquer. Et ça risque de t'embrouiller.

- Ne t'arrête pas s'il te plait, j'ai besoin de savoir jusqu'au bout.

- *« Le grand frère fut mis en prison. »*

- Pendant longtemps ?

- Cinq ans.

- Et il lui reste combien aujourd'hui ?

- Deux ans.

- Chouette, je le verrai bientôt alors ?

- Si Dieu le veut. *« Lorsque la jeune épouse du grand frère se retrouva toute seule, elle était si malheureuse. S'occuper des enfants toute seule ? Trop dur. Partir en abandonnant les enfants ? Impossible ! Elle les aime tant. Le petit frère avait l'habitude de venir l'aider. Ils finissent par se mettre en couple. Petit à petit, elle prit conscience de ses mauvaises habitudes : jalousie envers les enfants, alcoolisme, violence physique et verbale... Tout doucement, elle se détourna de lui et chercha la consolation ailleurs. Dans sa quête, elle tomba amoureuse du fils du grand frère. »*

- Tu parles de mon père ?

- Oui ! Je suis tombée follement amoureuse de lui.

- Comment on sait qu'on est follement amoureuse de quelqu'un ?

- Tu es encore trop petite pour ces choses là. Mais tu le vivras toi-même quand tu seras grande. Je te le souhaite.

Ruphia reste silencieuse. Atina continue :

- « *Quand l'oncle Claude le sut, il voulut tuer ton père. Celui-ci quitta le village et n'y remit jamais les pieds* ».

- C'est pour cela qu'il me déteste ?

- Je pense que oui. Avec ton retour, c'est un peu comme si c'était ton père qui revenait à la maison.

- Et qu'est-il arrivé à mes parents ?

- C'est un peu pareil, quelqu'un s'est acharné sur ton père à cause de sa femme. Et ta maman était si désespérée qu'elle a mis fin à ses jours ».

Ruphia ne dit plus mot. Maintenant, une expression de dégoût masque son visage. Elle a la sensation d'avoir été gavée, gavée d'horreurs. L'impression que son monde se fracasse définitivement en milliers de petits morceaux, ne la quitte plus. Elle est au plus mal.

- Je pense que nous avons assez remué toute cette boue. Viens, allons prier avec tes frères.

Cette nuit là, allongée à côte de Belle, Ruphia ne parvient pas à dormir. Elle frisonne de tout son long. Elle a pleuré tant de fois, que les larmes ne sortent plus.

Mon Dieu ! Que de drames ! Que de folies ! Se dit-elle. Tout autour de moi n'est que pathogène ! Comme je me sens sale ! Il faut que je m'en aille d'ici...

Une larme coule à présent le long de sa joue. Elle l'essuie aussitôt et se met à prier, remerciant son ange gardien, celui là, qui avait mis le pick-up et Louise sur son chemin...

Je retournerai rendre visite à maman Magui, Atina, Belle et mes frères un jour, lorsque je serai plus grande. A-t-elle l'habitude de dire. Ce projet là, Louise et Gaétan le savent et l'encouragent d'ailleurs.

... Ruphia se rappelle aussi comme si c'était hier, sa première journée au collège. Elle était arrivée avec Louise. La cour était déjà bondée de monde : parents et enfants, tous très bien habillés.

Elles-mêmes n'étaient pas en reste. Leur nouveau statut social apportait un grand confort à ce niveau là. Un peu plus loin, la cour des classes de secondes, premières et terminales, toute aussi envahie.

De l'autre côté de la rue, l'école et collège des garçons. Ces derniers, agglutinés tout au long du grillage, semblaient plus intéressés par ce qui se passait chez les filles...

Le collège Sainte Marie jouit d'une très bonne réputation. La plupart des épouses des grands du pays sont passées par là.

En dehors des matières classiques et techniques, les filles suivent également des modules destinés à faire d'elles de bonnes épouses, distinguées et aptes à évoluer dans les hautes sphères sociales.

Elles y apprennent les bonnes manières, croiser et décroiser la jambe, manger à table, contrôler les émotions...

La mère supérieure est une religieuse venue de Vendée. La directrice adjointe, Madame Anne, est une religieuse défroquée. C'est elle qui, cette année là, avait en charge la classe de sixième.

Debout devant la salle de cours, Ruphia observe de loin ses petites camarades. Plusieurs paraissent se connaître.

A la première manifestation de la voix de la peur, Ruphia s'entend dire : « tu n'as pas fait tout ce chemin pour te décourager maintenant ! Courage, tu vas y arriver. »

Elle constate qu'un groupe de filles l'observe avec curiosité. Les conseils du commissaire X lui reviennent en mémoire. Elle leur adresse un radieux sourire, auquel les autres répondent gentiment.

Au son de cloche, les élèves se mettent en rang. Puis, à la queue leu leu, chacune rentre dans la classe et se met à la place indiquée par Madame Anne.

Le premier exercice a pour but de mieux se connaître. Chaque élève doit dire ses noms et prénoms, d'où il vient, qui sont ses parents et ce qu'ils font dans la vie et s'il a des frères et sœurs.

Ruphia se lève et dit fièrement :

- Je m'appelle Tenda Ruphia. Je viens du Cameroun, j'ai trois mamans...

Eclat de rire collectif !

Ruphia se tait, tandis que certaines continuent à chuchoter à l'oreille de leurs voisines.

Chut ! Fait Madame Anne, lui faisant signe de continuer. Ruphia refuse catégoriquement et se rassoit.

... A la récréation,

- Hé, c'est vrai, tu as trois mamans ?

- Ben, oui !

- Je pensais qu'on avait qu'une maman, et toi, tu en as trois ! S'exclame une camarade en riant, moqueuse.

- Tu peux toujours rire, toi ! Tu as de la chance. Toi, ta maman n'est pas morte !

Et elle éclate en sanglots. Un vent glacial souffle maintenant sur le petit groupe.

Voyant Ruphia en pleurs, Madame Anne s'approche du groupe :

- Que se passe t-il ici ?

- On ne voulait pas la faire pleurer. On ne savait pas que sa maman était morte...Pardon.

Madame Anne prend Ruphia par les épaules et lui dit :

- Ma petite Ruphia, tu les as entendues ? Elles ne savaient pas et s'excusent.

Ruphia fait un signe de la tête. Madame Anne continue :

- Demain, j'aimerais que nous parlions après les cours. Tu le diras à tes parents. Mon chauffeur te raccompagnera après.

... Les cours viennent de se terminer. Les dernières retardataires franchissent avec nonchalance le portail.

Ruphia, elle, se dirige vers le bureau de Madame Anne. Elle frappe timidement à la porte.

- Entre et assieds-toi ! Dit une voix.

Elle s'assoit sur la chaise d'en face, comme il lui est indiqué. Tandis que Madame Anne range des dossiers.

- ... Si j'ai bien compris, tu as trois mamans parce que la tienne est morte. C'est bien cela ?

- Oui.

- Désolée mon enfant! Et que Dieu ait pitié de son âme.

- Maintenant, c'est Louise, Annie et Monique qui s'occupent de moi. C'est pour cela que je les appelle mes mamans.

- Je comprends. Tu as des frères et sœurs ?

- Oui. J'ai une sœur et six frères au Cameroun.

- Eh bien, vous êtes nombreux !

- En effet.

- Et tu as de leurs nouvelles ?

- Non ! Mais j'irai un jour les voir quand je serai grande.

- C'est très bien mon enfant.

- Et ton papa et tes grands parents ?

- Mon papa est mort. Et mon grand-père est en prison !

- Il a fait quelque chose de grave ?

- Oui très grave.

- Qu'est ce qu'il a fait ?

- Il a tué ma grand-mère !

- Oh mon dieu ! Pourquoi a-t-il fait une chose pareille ?

- Parce qu'il ne l'aimait pas. On l'avait obligé à se marier avec elle. C'est tout ce que je sais.

- Mon enfant, je vois que la vie ne t'a pas fait de cadeau. Que dieu te bénisse ! Je voulais surtout qu'on parle de ce qui s'est passé à l'école l'autre jour. C'est très bien que tu aies trois mamans. Mais, tu sais, c'est plus simple de dire, quand on te demande, que tu as une maman. Celle dont le nom figure sur ton acte de naissance. Et tu sais qui c'est ?

- Oui ! C'est maman Louise.

- Très bien. Cela ne veut pas dire que tu renies les deux autres. En réalité, on a tous une maman officielle et c'est celle là. Tu comprends ?

- Oui Madame.

- Tu verras, ici tout ira bien. J'ai vu des fautes dans ton cahier et je pense qu'il faudra t'améliorer en orthographe et grammaire. Tu diras à ta maman de venir me voir dans la semaine. D'accord ?

- Oui !

... Le matin suivant, tous les enfants sont présents à l'appel. Madame Anne demande à Ruphia de se présenter à nouveau, revenant sur la maladresse de la veille.

- Je m'appelle Ruphia Tenda. Leur dit-elle. Je viens du Cameroun. Ma maman s'appelle Louise. Elle possède deux pressings. Elle a deux sœurs que j'appelle aussi mes mamans et qui travaillent avec elle. J'ai une sœur et six frères qui vivent au Cameroun...

Depuis ce jour là, Ruphia s'est fait de nombreuses copines au collège.

... Madame Anne sait ce que signifie galérer, quand on se retrouve seul, lâché par tous du jour au lendemain.

Sa mésaventure a commencé, le jour où elle a succombé au charme de Francique, un beau et jeune étudiant, venu passer les vacances à Libreville. Ils s'étaient rencontrés deux ans plus tôt à un séminaire...

Elle avait cru ne jamais se relever, lorsqu'elle se retrouva enceinte et rejetée par sa famille...

Il lui a fallu cinq bonnes années pour se reconstruire, et presqu'autant pour retrouver une dignité. Elle a épousé Pierrot, le directeur d'une entreprise locale.

Depuis, ceux là mêmes qui, jadis, lui jetaient de grosses pierres, viennent régulièrement ramper devant sa porte. Criant haut et fort à quel point ils l'aiment.

La laïcisation n'a en rien estompé les valeurs humaines et chrétiennes profondément ancrées en elle. Elle est généreuse et empathique, tout en sachant recadrer opportunément.

Dans le cas présent, elle sent une envie irrésistible d'aider cette enfant, dont le peu d'existence sur terre est déjà marquée par tant d'horreurs.

... En fin d'après midi ce jour là, Louise se présente à l'école.

- Madame, votre fille se débrouille bien. Mais, pour qu'elle soit au niveau des résultats attendus ici, il va falloir lui trouver un répétiteur pour le français et les mathématiques.

- Et vous pouvez m'en indiquez un ?

- Oui ! Tenez, voici ! Celui là est très bon. En plus, il est fiable. Dites-lui que c'est moi qui vous envoie. J'ai par ailleurs constaté que votre fille aime coudre et qu'elle est douée. Je vous conseille aussi d'aller voir, Monsieur..., pas loin de chez vous. Dites-lui aussi que vous venez de ma part. Elle pourra y aller de temps en temps, juste pour observer les gestes professionnels.

Louise suit les conseils de Madame Anne à la lettre. Un répétiteur vient à la maison trois fois par semaine. Tous les samedis matins, Ruphia passe deux heures chez le tailleur.

... La vie suit son cours. Ruphia est douée. Les trois années de collège s'écoulent sans qu'elle ne s'en rende compte.

En dehors de ses activités pédagogiques, elle aide à la maison.

Il lui arrive aussi, d'aller au cinéma Les Fourmilles, avec ses trois meilleures amies. Les programmes intéressants, sont réservés au plus de 18 ans. Dommage !

Martine, une fille de la bande des quatre, a même trouvé un petit ami, à l'occasion d'une de leurs sorties. Il fréquente le collège d'en face. Mais, c'est un secret. Car les parents de cette dernière vireront au rouge, s'ils le savaient.

Les parents des quatre filles sont devenus amis et s'accordent à mutualiser les moyens de surveillance, pour veiller efficacement sur leurs progénitures.

La mort d'une camarade de classe, il y a plusieurs mois, a plongé de nombreux parents dans une sorte de psychose galopante. Cette dernière est tombée accidentellement enceinte.

Fait qu'elle a caché à ses parents, jusqu'à ce que son petit ami, ait la brillante idée de lui enfoncer une aiguille à tricoter dans le vagin.

Le but de la manœuvre étant de provoquer une fausse couche... Depuis ce drame, les filles font très attention.

Lorsqu'elles se mettent en perspective conjugale, Ruphia se montre toujours discrète et un peu évasive, se contentant de leur dire :

- Bien sûr que je vais me marier. Mais je n'ai pas envie d'avoir des enfants.

- Pourquoi ?

- Je n'en ressens pas le besoin.

- Mais c'est triste une vie sans enfant !

- Et tu serais où si tes parents avaient raisonné ainsi ?

- Et puis qui te dit que ton mari acceptera ?

- On verra bien.

- Et tu veux qu'il soit comment ton mari ?

- J'aimerais qu'il soit bel homme, surtout très gentil, généreux et accepté par mes mamans.

… Ruphia termine brillamment son année de seconde, puis de première et réussit à son examen de fin d'études.

Demain, c'est la remise de diplômes. Chaque année, la directrice récompense les meilleurs élèves et valorise les talents de chaque promotion, en organisant un grand défilé de mode.

Cette cérémonie est très prisée par la haute société. Certains, venant pour faire leurs emplettes, d'autres pour recruter de jeunes talents, d'autres encore pour y repérer peut-être leurs futures épouses.

… Ruphia reçoit le deuxième prix. Dans la salle bondée, un jeune diplomate camerounais observe sans discrétion, la belle et talentueuse jeune deuxième lauréate.

Il est complètement sous le charme. Tels des projecteurs, ses yeux fixent la jeune fille, observent ses moindres mouvements, la suivant partout où qu'elle aille dans la salle.

Une semaine plus tard, Madame Anne reçoit une visite des plus inattendues.

- ... Madame, excusez-moi de venir vous importuner ainsi. J'ai vu une jeune fille à la cérémonie l'autre jour.

- Vous savez, Monsieur, il y avait beaucoup de jeunes filles...

- Non ! Je parle précisément de celle qui a reçu le deuxième prix.

- Et que lui voulez-vous ?

- J'aimerais rencontrer sa famille pour demander sa main.

- Et en quoi cela me concerne ?

- Je ne sais ni où elle habite, ni qui sont ses parents. Vous pouvez peut-être m'aider ?

- C'est inhabituel. Mais votre démarche n'est pas un peu précipitée ? Elle ne vous connait même pas !

- Je n'en dors plus. C'est la femme de ma vie ! Sauf si elle a déjà quelqu'un.

- Je ne saurai vous le dire.

Madame Anne observe longuement le jeune homme. Puis, elle l'invite à s'asseoir. S'ensuivent alors des tas de questions sur son travail, sa conception de la vie, du couple, ses parents, ses hobbies, ce qui l'attire chez Ruphia ...

Au bout de longues minutes qui paraissent interminables :

- Voici son adresse. Je sais qu'elle travaille comme styliste chez Anguillet mode.

Et, sans lâcher le bout de papier, elle ajoute :

- Si j'étais vous, j'irai faire le pied de grue à proximité, jusqu'à ce qu'elle apparaisse. Cela éviterait d'aller voir directement les parents. A mon avis, cette stratégie est agressive et maladroite, bien que courageuse.

... Au quatrième jour de guet :

- Mademoiselle ! S'il vous plait !

- Oui !

Ruphia se retourne. Elle observe quelques minutes l'homme.

- Excusez-moi, je me demandais où je vous avais vu. Ah, oui ! Vous étiez bien à notre remise de diplômes l'autre jour ?

- En effet ! Et vous avez eu le temps de me voir ? Vous étiez si occupée...

On peut noter une pointe de fierté dans la voix du jeune homme. Sans un mot de plus, elle lui adresse un doux sourire.

... Un an plus tard, Ruphia, très amoureuse, décide de présenter Maxime à ses parents. Les fiancés reçoivent leur bénédiction.

Pour la dote, les trois mamans ont convenu de demander une enveloppe. Cet argent sera remis à la famille de Ruphia, lorsqu'elle ira les voir au village.

Quelles belles noces ! Avec sa jolie robe à longue traîne, Ruphia ressemble à une sirène. Ce sont ses collègues stylistes qui ont tenu à coudre sa robe de mariée, en guise de cadeau de mariage.

Les familles sont comblées.

Du côté de Maxime, beaucoup sont venus du Cameroun et d'ailleurs pour assister aux cérémonies. De nombreuses relations des trois mamans et maris sont également présentes...

Les jeunes époux aménagent dans la maison de fonction qu'occupe actuellement Maxime. Pour combien de temps ? Difficile à dire. Car depuis plusieurs mois, les bruits courent qu'il va être rappelé au Cameroun.

... Cinq mois plus tard, Maxime revient à la maison, la mine tirée.

- Qu'y a-t-il chéri ? Lui demande Ruphia, inquiète.

- Tiens, lis toi-même. Lui dit-il, en lui tendant une enveloppe.

La décision qu'ils redoutaient vient de tomber. Maxime doit rentrer au Cameroun dans un délai de trois mois.

Depuis qu'elles le savent, les mamans ne quittent plus leur fille. Tous les prétextes sont valables pour venir chez elle... et ce, jusqu'au jour de leur départ.

Maxime a été nommé chef de département... Les curieux peuvent trouver les détails dans la presse...

- 7 -

... Ruphia se réveille dans une luxueuse suite d'hôtel. Elle regarde autour d'elle, rien de familier. Avec nonchalance, elle se lève et se dirige vers la porte fenêtre.

Sur le balcon, un vent chaud lui caresse le visage, soulevant son déshabillé. Des coups de klaxon lui parviennent de loin. Elle se penche tout près du bord. En bas, une multitude de tâches multicolores lui signifie qu'il y a foule.

Ruphia pousse un long soupir. Quel changement ! Se dit-elle. Un sentiment de nostalgie l'envahit. Elle lève les bras au ciel, puis retourne à l'intérieur. Ce geste là, elle le tient de sa mère. Elle le reproduit, chaque fois que la situation lui semble alambiquée, pour se donner du courage.

Elle regarde sa montre, neuf heures et demie ! Cela fait deux heures que Maxime est parti. Elle ne l'a même pas entendu, tellement elle est éreintée.

Sur la table, une feuille de papier sur laquelle on peut lire : « Chérie, je vais au ministère. Le chauffeur passera te prendre à dix heures et demie, pour aller récupérer les clés de la maison. Si tu veux, tu peux aussi aller chez Papapoulos choisir les meubles… ».

Papapoulos est une grosse entreprise familiale, spécialisée dans l'ameublement. Le père, Demi Papapoulos, un grec, avait une petite quincaillerie au départ. Il était maigre comme un clou.

Plus les années passent, plus il s'embourgeoise et plus il devient « cou plié », avec son ventre proéminent. Mais ce qui plait chez lui, c'est son acharnement à parler les langues locales.

Dès qu'il vous aperçoit, il vous lance :

- « Mbembe kidi ! » (Qui signifie bonjour en Ewondo)

Il constate que vous ne comprenez pas, il continue :

- « Mbolo ! » (Bonjour en Boulou)

- « Miyega!» (Bonjour en Bassa)

- « O busé mboam » (Bonjour en Mbo)

Et ainsi de suite, jusqu'à ce qu'il tombe sur la salutation adéquate. La manœuvre peut prendre du temps, mais personne ne s'en plaint.

Au contraire, nombreux sont ceux qui y vont, pour ce « quart d'heure de convivialité ». Un moyen des plus efficaces pour se faire connaître.

C'est ainsi que Demi Papapoulos accroit sa notoriété et aussi son compte en banque. Il a pignon sur rue. Ses meubles sont prisés par ceux qui ont les moyens, mais aussi par ceux qui n'en ont pas, certains n'hésitant pas à s'endetter lourdement.

Maintenant, il possède des magasins dans plusieurs autres villes.

... La villa de Ruphia et Maxime se situe dans un des quartiers chics surplombant Yaoundé.

La rue est déserte. Pas de piétons, à part des gardiens devant chaque villa. Ils sont assis ou font les cent pas devant le portail. Ils ont fini par tisser des liens d'amitié, question de passer le temps.

Finalement, la Mercédès s'immobilise devant un grand portail en arcade. Un coup de sonnette retentit. Le portail s'ouvre sur une dame à l'allure distinguée.

Ruphia entre, tandis que le chauffeur attend à l'extérieur.

La villa se situe sur deux niveaux. Tout autour, un grand jardin clos et arboré, impeccablement tenu.

Tout au long de l'allée conduisant au bâtiment principal, des parterres de roses multicolores, disposés de chaque côté, donnent un réel cachet à la villa.

Ruphia pense tout de suite au grand parc de Libreville.

Au rez-de-chaussée, une cuisine, semi aménagée, une salle d'eau, une chambre et un WC.

Dans le prolongement, une grande pièce et attenante, une salle à manger et une autre petite pièce.

De l'autre côté du jardin, deux maisons en guise de dépendances.

Dans la première, trois chambres, une pièce commune, équipée d'un coin cuisine et d'un frigo, des toilettes et une salle d'eau.

A l'extérieur, un espace de garage pour deux ou trois véhicules.

Dans la deuxième maison, un grand espace, une petite pièce et une salle d'eau avec WC. Cet espace pourrait lui servir d'atelier.

- Vos prédécesseurs sont restés ici cinq ans. Lui dit la dame. Ils logeaient gardien et chauffeur dans la première dépendance. La deuxième était vide. A vous de voir. Certains de vos confrères préfèrent loger des membres de leur famille.

La visite continue à l'étage. Un large balcon contourne l'ensemble du bâtiment, un autre salon et quatre chambres.

La chambre équipée d'une salle de bain et avec WC, lui rappelle la suite à l'hôtel.

Au milieu du couloir, un autre WC et à côté, une salle d'eau. A proximité, une grande pièce avec d'immenses placards. Ruphia déduit qu'il s'agit d'un dressing.

Dring ! Dring ! Retentit la sonnerie.

Elle jette un regard interrogateur en direction du portail.

- Ne vous en faites pas. Lui dit la dame. Je vais vous présenter vos employés.

Les deux femmes redescendent au rez-de-chaussée. La dame s'absente un moment, puis, elle revient avec quatre personnes.

- Je vous présente Félicie votre cuisinière.

- Lui, c'est Joachim, le chauffeur pour vous, madame.

- Lui, c'est Amin, votre gardien

- Et Auguste votre jardinier.

Les salutations sont hésitantes. Chacun se demandant visiblement dans quoi il va s'embarquer. La dame poursuit :

- Pour les horaires de travail, leur journée s'arrête quand vous n'avez plus besoin d'eux.

... Ruphia observe un à un ses employés. Elle constate qu'ils sont tous plus âgés, à l'exception du chauffeur qui, visiblement, à peut-être juste un ou deux ans de plus qu'elle.

Maintenant, elle se demande comment elle va faire ? Le respect des ainés est une valeur très ancrée en elle. Elle réalise tout d'un coup, que la tâche ne va pas être simple.

Une fois le tour du propriétaire terminé, Ruphia signe une liasse de papiers. La femme lui remet des trousseaux de clé.

Comme tout cela prend du temps ! Ruphia pense au chauffeur de Maxime. Il l'attend depuis presque deux heures à l'extérieur. Elle en est gênée. La dame s'en aperçoit :

- C'est à cause de votre chauffeur ?

- Oui !

- Ba ! C'est comme ça ici. Ne vous en faites pas pour lui. Il est habitué. Je parie même qu'il est en train de lire le journal ou de se dégourdir les jambes.

- Quand même...

- Ce sont les contraintes du métier. Allez ! Arrêtez de vous faire du mauvais sang et raccompagnez-moi, lui dit-elle en souriant.

Au portail, Ruphia se rend compte que la dame a dit vrai. Le chauffeur ne semble pas s'ennuyer.

- Vous voyez, je vous l'ai dit. Ne vous gênez pas pour lui. Bonne installation et n'hésitez pas à me signaler le moindre problème.

... Ruphia est à présent debout, dans la première dépendance, face à ses employés.

- Comme vous le constatez vous-mêmes dit-elle, il n'y a encore rien ici. Je vous propose donc de nous retrouver ici à 8h dans une semaine.

- Vous avez besoin d'aide Madame ? Lui demande Félicie.

- Si c'est le cas, nous pouvons vous aider nous aussi, proposent Amin et Auguste.

- Je vous remercie. Je suis arrivée hier et pour l'instant, je ne sais où donner de la tête. Je vous suggère de noter sur ce papier vos adresses et on verra par la suite. En tout cas, encore merci et rendez-vous à 8h dans une semaine, n'oubliez pas. Entretemps, si j'ai besoin de vous, je vous fais signe.

Ruphia referme les portes. Pas facile avec toutes ces clés !

... Il est 13h. Dans le hall de l'hôtel :

- Madame, vous voulez que je vous monte votre repas tout de suite ?

- Oui, je veux bien s'il vous plait. Qu'avez-vous au menu ?

- Poulet à la moutarde, accompagné de riz aux champignons et en entrée, avocat aux crevettes.

Beûk ! J'aurais tant aimé entendre : bâton de manioc, feuilles de manioc pilées, sauce de hareng aux plantains... Murmure-t-elle intérieurement. Elle sent sa motivation décuplée. Elle veut rapidement avoir un chez elle.

Après avoir mangé et s'être changée, la voilà qui redescend.

Dans le hall :

- Madame, vous voulez que je vous appelle un taxi ? Vous allez où ?

- Je voudrais aller chez Papapoulos.

- Mais, c'est juste à côté !

Ruphia découvre vite que, lorsqu'un camerounais vous dit, « c'est juste à côté », cela peut se trouver à un mètre comme à trois kilomètres. Fort heureusement, elle a des chaussures de marche.

... Chez Demi Papapoulos, Ruphia a droit à un « Mbembe kidi », auquel elle répond chaleureusement.

Il faut dire que depuis son arrivée, les contacts eus sont uniquement protocolaires. Ça devient lassant à force. Pour la première fois, elle vit un instant de légèreté.

Les meubles Papapoulos lui rappellent le style de deux somptueux magasins gabonais. Son choix est vite fait. Soit au total, deux millions cinq cent FCFA, au grand bonheur du vendeur.

- Madame, vous voulez qu'on aille vous livrer tout de suite ?

- Et vous ferez cela ?

- Quelle question ! Vous êtes une bonne cliente, alors oui ! Je peux le faire !

- Euch, c'est que la maison n'est pas tout à fait nettoyée.

- Pas de souci, je vais vous donner du monde pour cela.

- Mais...

- Il n'y a pas de « mais ». Vous habitez où ?

- Au quartier ...

- Cinq personnes seront chez vous demain matin à 8h pile. Elles feront le ménage comme vous le souhaitez. En début d'après midi, disons 14 heures, j'enverrai une autre équipe, vous livrer les meubles et vous les installer. Cela vous convient ?

Ruphia ne sait quoi dire.

- Et tout cela me coûtera combien ?

- C'est cadeau Madame ! Rien du tout !

- Vraiment ? C'est trop gentil de votre part.

- Allez-vous reposer. Je vois bien que vous êtes fatiguée.

- En effet, je suis arrivée hier soir.

- Et vous venez d'où ?

- Du Gabon !

- Ah ! Alors bienvenue dans notre beau pays !

... Ruphia est très matinale aujourd'hui. Maxime s'en étonne.

A la villa, cinq personnes l'attendent effectivement au portail.

Elle se tourne vers le chauffeur de Maxime :

- Vous ne dites rien à votre patron, d'accord ? C'est une surprise et inutile de revenir me chercher. Je prendrai un taxi pour rentrer.

- Mais Madame, il faut aller en route. C'est loin.

- Ne vous en faites pas pour moi.

Les instructions de Ruphia sont scrupuleusement suivies et les fées du logis s'appliquent. Les murs et sol scintillent présentement de mille feux !

L'après midi, comme annoncé, la deuxième équipe fait son entrée et les meubles sont rapidement installés.

... En fin de journée, Ruphia et Maxime sont sur les lieux. A l'intérieur :

- Comme c'est joli ! Comment as-tu fait ? Quelqu'un t'a aidée ?

- Oui ! J'ai fait le bonheur de Mr Papapoulos et en retour, il m'a m'envoyé ses employés...

- Comme c'est gentil !

... Le transitaire gabonais arrive la semaine prochaine avec le reste des effets du couple, en même temps que les employés prendront leurs postes.

En attendant, Ruphia en profite pour prendre ses marques et visiter Yaoundé. Elle a pris contact avec Joachim, son propre chauffeur.

Ce jour là, elle reconnait la gare routière.

- Joachim ! Lui dit-elle. Arrêtez-vous, je vais descendre.

- Tout de suite Madame ? Demande t-il en jetant un coup d'œil intrigué sur le rétroviseur.

- Oui !

Joachim pense que sa patronne vient de reconnaître quelqu'un. A sa grande surprise, il la voit marcher là, sans un mot. Il secoue la tête.

Au bout de quelques minutes, elle revient s'asseoir à l'arrière.

- Tout va bien Madame ?

- Oui ! Dites-moi, Joachim, il y a un commissaire que je voudrais retrouver.

- Vous connaissez son nom ?

- C'est le commissaire X.

Ce nom là, elle l'a souvent prononcé, vu et revu dans ses rêves. Comment l'oublier ?

- Ah ! Le commissaire X ! Qui ne le connait pas ? Il est dans le même commissariat depuis toujours ! A mon avis, il ne partira jamais de là. Et comment le connaissez-vous ?

- C'est une très longue histoire. Conduisez-moi à lui s'il vous plait.

Depuis le rétroviseur, Joachim continue d'observer sa patronne. N'osant pas lui poser les questions qui lui démangent les lèvres.

... La vue de la belle voiture, se garant sur le parking du commissariat, intrigue plus d'un.

Dans la petite salle d'attente surpeuplée, dont la vue donne directement sur le parking, les personnes s'impatientent. Elles sont curieuses de savoir de quelle personnalité il s'agit.

Ruphia sort de la voiture, sous les regards fouineurs de tous et entre dans le bâtiment. Quelques sifflements s'échappent.

- Eh ! Vous là, calmez-vous ! Un peu de respect ! Dit l'agent d'accueil.

Comme rien n'a changé ! Après toutes ces années, Ruphia a l'impression que le temps n'est pas passé par ici.

A part ses joues, pour le reste, l'agent d'accueil est resté presque pareil. Une pile de documents encombre toujours son bureau. La salle d'attente toujours aussi achalandée.

Ruphia reconnait facilement la chaise sur laquelle elle s'était calée, se demandant ce qui allait advenir d'elle…

- Oh mon dieu ! S'exclame l'agent. Attends un peu ! Ce n'est pas toi la petite fille de la gare routière ?

Ruphia lui fait un signe de la tête, en lui tendant une main chaleureuse. L'agent file en direction du bureau du commissaire. Il est tout excité.

Derrière la porte fermée, celui-ci l'entend s'égosiller :

- Patron ! Patron ! C'est un miracle ! Venez vite ! Venez vite !

- Oui, j'arrive !

… Les usagers, jusque là confinés dans la salle d'attente, s'agglutinent à la porte, en même temps qu'arrive le commissaire.

- Chef ! Vous ne la reconnaissez pas ? Dit l'agent, malicieux.

Le commissaire X regarde la jeune femme. Ses yeux sont toujours aussi inquisiteurs.

- Mais, c'est ma petite Ruphia ! Dit-il dans une effusion de joie.

L'agent écarquille les yeux. Jamais, il ne l'avait vu extérioriser ses sentiments ainsi.

- Chef, vous voyez ? Nous avons bien fait !

Le commissaire tend les bras à Ruphia. L'enlaçant affectueusement. L'étreinte dure quelques minutes. Ruphia sent les larmes lui monter aux yeux. Tandis que les autres les observent sans retenue, se demandant ce qui se passe.

- Hein, Chef ! Vous voyez comme la vie lui a réussi ? Comme je suis content !

- Jean, arrête un peu ! Je t'ai déjà dit, que les émotions finiront par te tuer un jour !

- Et elle est si belle ! Continue Jean.

- C'est vrai ! Confirment des voix.

- Ce n'est pas pour rien qu'elle porte un nom rare. Dit le commissaire en riant.

- Chef !

Lui parvient une voix depuis la salle d'attente.

- Oui ?

- Moi, je peux l'épouser tout de suite !

- Toi qui ?

Un jeune homme se détache et avance, la tête bien droite, le torse bombé, l'air défiant.

Pendant ce temps, les autres regardent le plafond, se demandant s'il ne serait pas un peu suicidaire. Le commissaire le scrute de la tête aux pieds.

- Tu es ici pourquoi ? Lui dit-il.

- Je roulais sans permis et j'ai cogné une autre voiture. Comme j'ai eu peur, je me suis enfui.

- Espèce de Kengué (autrement dit, de vaurien). Tu t'es regardé ? Commence donc par régler le problème qui t'a conduit ici ! Tu ne sais pas qu'avec les charges qui pèsent sur toi, tu risques la prison ?

Le commissaire retourne dans son bureau avec Ruphia et referme la porte.

Dans la salle d'attente, la tempête souffle depuis quelques minutes, malmenant sévèrement le jeune insolent :

- Quelle mouche t'a piqué ?

- Tu te prends pour qui pour fanfaronner ainsi ?

- Tu es vraiment bête ! Maintenant, en plus de tes problèmes, il a vu ton sale caractère ...

- Vous les garçons, vous ne pensez qu'à ça ! Sans même vous demandez, si vous arrivez, ne serait-ce qu'à la cheville de la fille ! Commente une voix de femme.

- Hé, toi là ! Tu as intérêt à ne pas continuer à nous insulter !

Les hommes présents acquiescent.

La femme réplique :

- Sinon, tu vas me faire quoi ?

Les voix qui parviennent à l'accueil sont agressives. L'agent se lève.

Oubliant le différend qui oppose maintenant hommes contre femmes, des personnes en profitent pour en savoir plus sur la jeune femme.

Les questions tombent en cascade :

- Hé ! Dis-nous qui est cette femme ?

- Est-ce la fille du commissaire ?

- Comment la connaissez-vous ?

- Est-elle mariée ?

- Avec qui ? Un ambassadeur ?...

- C'est une camerounaise ?

- Elle a des enfants ?

- Ils sont où ?

...

Jean aime bien exhiber ses petites victoires. Il tient là la belle occasion :

- Une dame avait ramené une petite fille ici il y a longtemps. Elle l'avait trouvée errant à la gare routière ! La pauvre petite ! Elle avait perdu ses parents et ne savait pas où aller...

- Aïe ! S'exclament des voix teintées de tristesse.

- Et c'est elle ?

- Exact !

- Hein ?

- Vous voyez ce qu'elle est devenue aujourd'hui ? Le commissaire avait bien flairé l'affaire n'est-ce pas ?

- Oui ! Répond l'assistance.

Suivent alors des commentaires provoquant un brouhaha.

Quelqu'un fait : « chut ! ». L'agent reprend :

- La dame était une prostituée.

Rires et indignation !

- Ce jour là, il lui avait carrément dit :
« le destin te donne la chance de montrer
que tu sais faire autre chose... »

L'imitation qu'il fait de la voix du
commissaire est assez réussie.

- Ah bon ?

- Oui ! Et il l'avait obligée à s'occuper de
la petite fille. Vous vous rendez compte ?

- Hein ?

- Il sait faire des miracles !

- C'est tout de même de X qu'on parle. Il
est très fort. Dit quelqu'un.

L'agent poursuit, encore plus
démonstratif.

- Et il allait vérifier chaque semaine. Et
voilà le résultat !

- Dis ! Votre commissaire, il peut aussi
faire quelque chose pour ma nièce qui
traine là bas au quartier ?

- Elle est orpheline ?

- Non ! Mais sa mère ne s'en occupe pas !

- Désolé ! Madame, c'est une question de chance. Chacun a son destin...

- Et la dame ? Je peux lui parler quand elle sortira tout à l'heure ?

- Je ne pense pas. Il y a de forte chance qu'elle vous dise la même chose. Et surtout qu'il faut se battre dans la vie. C'est ce qu'elle a fait et elle n'avait que sept ans.

- Quoi ?

- Merci pour le conseil. J'irai voir ma belle sœur et je lui parlerai. Si elle n'écoute pas, je lui dirai que je vous connais et qu'elle aura des problèmes.

- Exact. Les gens ont peur du commissaire X. Il suffit de dire que vous nous connaissez...

... Dans le bureau du commissaire :

- Quel bon vent t'amène mon enfant ? Jean a entièrement raison, tu es devenue une très belle femme ! Je suis très fier de toi.

- Je ne sais par où commencer ! Après l'acte à la mairie, nous sommes restées encore quelques temps. J'allais à l'école..., puis nous sommes allées au Gabon.

- Au Gabon ?

- Oui, c'était leur rêve.

- Tiens ! Tiens !

- Elles ont écouté votre conseil et ont fait l'effort de changer de mode de vie.

- Ah, bon ? J'en suis ravi.

- Mama Louise est allée faire une formation en Côte d'Ivoire. Elle a ouvert deux pressings et s'est mariée... Moi, j'ai fini mes études et j'ai épousé un diplomate qui a été rappelé ici. Il s'appelle...

- Le nouveau directeur de département ! Attends, je vais te montrer quelque chose. Jean ! Apporte-moi le journal du… si tu l'as encore !

- Oui patron, je l'ai !

Le commissaire se met à feuilleter le journal.

En plein milieu, il désigne un encart à Ruphia. Elle est étonnée d'y trouver une photo d'elle avec son mari…

- J'ai lu l'article rapidement, sans même faire le lien avec toi. Ça fait si longtemps. A présent, j'en ai un peu honte.

- Ne vous en faites pas. Ça fait loin effectivement.

- Et quels sont tes projets ?

- Faire une étude de marché et ouvrir un atelier de haute couture ou enseigner.

- Très bons projets ! Tu peux faire les deux. Si tu as besoin de contacter des organismes spécialisés, n'hésite pas à me le dire. J'en connais un qui fait du très bon travail.

- Merci bien. Je compte ensuite retrouver mes frères et sœur et mon grand père... Mais à vrai dire, je ne sais par où commencer.

- Mon enfant, ne t'en fait pas. Lui dit le commissaire en tapotant le journal. Tu n'auras pas besoin de chercher ta famille. C'est elle qui te trouvera. Ici, les nouvelles vont si vite. Les gens lisent la presse, même au fin fond des villages. Et ton prénom « Ruphia », peu de personnes portent un prénom pareil.

Ruphia sourit et lui remet son adresse. Elle souhaite lui présenter son mari.

Le commissaire X promet de lui téléphoner...

- 8 -

... Au village, depuis le départ de Ruphia, la situation va à vau-l'eau chez les Tenda.

Claude finira sans doute par se noyer dans du vin de palme ou l'arki (alcool local). Il semble avoir signé un pacte avec le diable de la destruction, depuis qu'Atina ne veut plus du tout de lui.

Cette dernière s'est complètement renfermée. Elle a déménagé avec les enfants, juste après le décès de Josépha et vit désormais dans la maison qu'occupaient ses beaux parents.

N'ayant jamais terminé sa maison, Claude est resté dans celle de son frère.

Depuis que Belle est montée dans un clando un matin, elle n'a plus donné signe de vie. L'inquiétude plane dans l'air chez les Tenda. Seule Josépha connaissait son projet de quitter le village.

La veille, elle avait remis à Belle une grosse enveloppe et lui avait dit :

« Ma petite fille, tu es en âge de te débrouiller. Pars loin d'ici et sois heureuse où que tu ailles. Ton oncle est misogyne et aigri. Il ne te laissera jamais tranquille. Avec cet argent, tu as largement de quoi commencer une nouvelle vie.

Prends l'exemple de ton grand-père. Il est parti de rien. Il n'avait que sa force de travail. Et tu as cette force là en toi. Alors fais-en quelque chose de bien. Va quelque part et achète un lopin de terre. Surtout, veille à ne pas gaspiller ton argent.

Ne remets les pieds ici que lorsque tu auras fait quelque chose de ta vie et que tu seras assez apaisée dans ton fort intérieur. D'ici là, ton père sera certainement revenu ».

... Sans guide, les ouvriers du père Tenda font du mieux qu'ils peuvent, mais avec beaucoup d'intelligence. La preuve : chacun possède aujourd'hui une belle maison.

Ils continuent à travailler dans les plantations et la cacaoyère, mais à un rythme qui leur est propre. Ils viennent quand ils veulent, si bien que la production a diminué de moitié.

Lorsqu'ils vendent la récolte, ils prélèvent systématiquement une somme d'argent, qu'ils donnent à Atina, en lui disant : « Tiens, c'est pour les enfants et toi ».

Elle leur en est reconnaissante.

Puis, ils remettent une liasse de billets à Claude, l'aidant indirectement à se noyer un peu plus dans l'alcool.

Le retour prochain d'Adolphe redonne de l'espoir.

... Adolphe sort en effet de prison des mois plus tard.

Dans la voiture qui le ramène, il prend les nouvelles de ses enfants auprès du chauffeur de son père, un loyal serviteur ...

- Et Belle ? Elle n'est pas là ?

- Pardon ?

- Je demande les nouvelles de Belle. Tu n'as rien dit à son sujet.

- C'est que, euh, euh ! Personne ne sait réellement où elle est.

- Comment ça ?

- Elle est partie !

- Mais partie où ?

- Un matin, tout le monde a constaté qu'elle était partie ?

- Et vous l'avez cherchée ?

- Oui, dans les bois, les champs... sans résultat. Mais Josépha a toujours dit qu'elle avait pris un clando et qu'il ne fallait pas s'inquiéter pour elle. Mais avec la vieillesse, elle divaguait parfois.

- Et personne n'a cru à sa version des faits ? Ça s'est passé quand ?

- Il y a longtemps déjà.

- Oh mon dieu ! Arrête tout de suite la voiture ! Crie Adolphe. Il faut que je descende ! J'étouffe !

- Mais patron, on est en plein virage !

- Je te dis d'arrêter la voiture !

Le chauffeur s'exécute.

- Tu es en train de me dire que mon unique fille a disparu ?

- C'est cela !

- Et Dagobert ? Tu n'as pas parlé de lui non plus. Pourquoi n'est-il pas venu avec toi ?

- Patron, c'est que, l'histoire est compliquée. On t'expliquera au village.

- M'expliquer quoi ?

- Je ne sais pas si je dois te raconter ça...

- Arrête de m'énerver ! Qu'est ce qui se passe avec mon fils ?

Le chauffeur prend une profonde inspiration. On entend presque l'air s'engouffrer dans ses narines :

- C'est qu'il est mort, patron...

- Seigneur, qu'est ce qui m'arrive ? Tu m'as sorti de prison pour que je retombe en enfer ? N'ai-je pas assez payé ma faute ?...

Adolphe se met à pleurer, sous les yeux pleins de désolation du chauffeur.

Au même moment, il apprend aussi que son fils a laissé une fille qui est venue vivre quelque temps avec Atina et Claude et dont on n'a plus de nouvelle depuis très longtemps.

- Et elle avait quel âge à ce moment là ?

- Sept ans !

- Un enfant de sept ans ne peut se volatiliser de cette façon. Il ne reste donc que deux possibilités : soit elle a été tuée, soit elle s'est tout simplement enfuie. Et pour aller où ? Là est toute la question. Je sens que je vais perdre la tête...

- Chef, calme-toi un peu, s'il te plait. Tu te fais du mal.

... La voiture redémarre. Adolphe n'a plus dit un mot, en proie à des douleurs lancinantes à la tête.

A proximité de l'église :

- Conduis-moi à la paroisse. Dit-il. Je dois parler au curé.

- Ce n'est plus le même. Mais le nouveau est aussi quelqu'un de bien.

... Adolphe est dans le bureau de père Bertrand depuis plus d'une heure.

Il est en pleurs, scandant qu'il ne veut pas retourner chez lui, que sa vie est trop dure et qu'il se demande, s'il ne vaut pas mieux pour lui, de se donner la mort...

- Mon fils ! Lui dit père Bertrand, en lui prenant la main. Y a-t-il plus cruel dans la vie que de perdre sa liberté ?

- Hein ?

- Je suis en train de dire, que tu as survécu à cette dure épreuve qu'est la prison. N'est ce pas la preuve même que dieu veille sur toi ?

Adolphe ne répond pas. Il n'est pas d'humeur à philosopher.

- Beaucoup auraient aimé sortir et respirer le plein air comme toi en ce moment précis.

- Un air pollué par la souffrance et les remords ! J'aurais préféré ne jamais sortir.

- Ne sois pas injuste. Tu as de la chance. Alors, continue ta route, sans regarder en arrière.

- J'essayerai mon père. Mais comment continuer, en sachant que mon unique fille a disparue, sans laisser de trace, que mon fils ainé a été tué, que la seule fille qu'il a laissée a disparue et que je n'étais pas là pour les protéger ?

- Vois-tu mon fils, dieu nous fait souvent traverser des épreuves, pour faire de nous des êtres meilleurs. Va en paix ! Prends bien soin de tes enfants. Le seigneur est aux commandes.

... Adolphe est accueilli en fête, par Atina, les enfants et tout le village. Ils ont tous tenu à lui faire savoir, qu'ils lui ont déjà pardonné son coup de folie...

A la vue de son frère, Claude s'exclame :

- Il est revenu le prince ! Et le veau le plus gras ? Où est-il ?

Et il s'en est allé, titubant et puant l'arki. Quel triste spectacle !

Adolphe est très triste et fatigué. Heureusement qu'il s'est arrêté à la paroisse.

Comme tout a changé et que d'absents : ses parents, Belle...

Entouré de ses enfants, il ne sait à quelle question répondre en premier, tellement elles arrivent en même temps et sont nombreuses :

- Papa, comment est la prison ?

- Tu faisais quoi là bas ?

- Ils étaient gentils avec toi ?

- Tu mangeais quoi ?

- C'était bon ?

- Tu pensais à nous ?

- A Belle aussi ?

- A Dagobert ?

- ...

Atina, elle, se tient à l'écart. Adolphe lui fait signe d'approcher.

Pendant des heures et des heures, il leur parle de la prison, des leçons qu'il en a tirées et surtout de ses lectures bibliques. Profitant de cet instant précieux pour leur donner maints conseils. Il insiste particulièrement sur celui-ci : ne jamais se laisser guider par sa colère ou sa souffrance.

Les enfants, eux, décrivent avec forts détails, à quoi ressemble leur vie depuis des années. Ils ne tarissent pas d'éloges à l'endroit d'Atina et de Josépha.

Le soir venu :

- Tu peux y aller. Je reste avec les enfants.

- Aller où ?

- Ne te gêne pas pour moi. Je sais que tu es avec Claude.

- Plus maintenant. Il n'y a plus rien entre nous.

- Pourquoi ?

- C'est sa faute si Belle et Ruphia se sont enfuies. Même chose pour Dagobert.

- Tu penses que Belle et Ruphia sont encore en vie ? En ce qui concerne Dagobert, je ne veux même pas en parler. Je ne suis pas revenu pour remuer le passé.

- Je suis convaincue qu'elles sont quelque part et qu'elles reviendront un jour. Elles sont si dégourdies et malignes. Je prie tous les soirs pour elles. Le jour où tu voudras savoir quel adulte était devenu Dagobert, je te dirai qui aller voir. Magui et Aimé sont de très bonnes personnes.

- Ecoute, j'ai besoin de tranquillité, je vais dormir à côté.

Les journées d'Adolphe se partagent entre la lecture de la bible très tôt le matin, les travaux champêtres avec les enfants, Atina et les ouvriers.

Au fil des jours, il remet de l'ordre dans les affaires de son père. Et jusque là, son parcours est un sans faute. Les horaires des ouvriers sont stricts. Plus d'anarchie !

Il rend régulièrement visite au curé. L'autre jour, il s'est longuement entretenu avec son frère :

- Tu étais le préféré de papa et cela a toujours été ainsi. Lui dit ce dernier tout de go.

- Claude, petit frère ! Arrête donc de te torturer ainsi. Je voyais bien tes crises de jalousie quand nous étions petits. Cela m'amusait de te voir, t'acharner à marcher sur mes traces. Nous sommes grands maintenant.

- Mais, c'était toujours toi et toi seul.
Cela me faisait mal.

- Tu dis que papa m'aimait ? Regarde où
son amour m'a conduit ? Tu devrais lui
être reconnaissant et surtout, remercier
dieu de t'avoir épargné. Tu ne trouves
pas qu'il est temps de tourner la page et
faire quelque chose de ta vie ?

Claude reste silencieux tandis
qu'Adolphe continue :

- Demain, nous défrichons le terrain
pour la nouvelle plantation. Nous allons
nous lancer dans la culture de la banane.
Alors rendez-vous à 7h et tâche d'être
sobre.

- Je ne peux pas !

- Et pourquoi cela ?

- Je ne sais rien faire.

- Alors profites de l'occasion. Il n'est
jamais tard pour apprendre.

Les premiers jours, Claude trime à se
lever. Plusieurs fois, il est arrivé des heures

après tout le monde. Et pas une seule fois, son frère ne l'a critiqué.

Depuis, il passe plus de temps avec Adolphe qu'avec ses bouteilles d'alcool. Il se lève tôt comme tout le monde et va travailler dans les champs. Les vautours féminins sont à nouveau de retour.

... L'autre jour, quelqu'un leur a dit avoir aperçue Belle dans une petite ville à 80 km de là. Elle vend les légumes qu'elle cultive elle-même, au marché. Et, semble t-il, son commerce marche plutôt bien.

Le lendemain, Adolphe et le chauffeur partent en direction de la petite ville.

... Il est cinq heures de l'après-midi et la place du marché est vide. Dans le bar de la place, de nombreux clients sirotent de la bière. Adolphe s'adresse à l'un d'entre eux :

- Dis, tu connais peut-être une jeune fille qui s'appelle Belle. Elle vend souvent des légumes ici au marché ?

- Moi non ! Mais attends :

- Hé ! Quelqu'un connait une jeune fille qui s'appelle Belle et qui vend au marché ?

La voix de l'homme est forte.

Tout d'un coup, plus un bruit dans le bar !

- C'est vraiment son nom ?

- Oui !

- Peu de personnes portent ce prénom. Généralement, c'est juste un petit nom.

- Je sais. C'est sa mère qui avait insisté.

Adolphe réalise que c'est la première fois qu'il pense à sa première épouse, sans la dénigrer. Il en frissonne.

- Et qui la demande ? Fait une voix.

- C'est moi ! Répond Adolphe en s'approchant. Je suis son père et je viens de loin. Il faut vraiment que je la vois. Et si un d'entre vous sait où la trouver, cela me rendrait un grand service.

- Dans ce cas, Luc, accompagne-le chez Martine. Je les ai vues parler l'autre jour.

Dehors :

- Ce n'est pas la peine de prendre la voiture. Elle n'habite pas loin d'ici.

Les deux hommes s'éloignent tandis que le chauffeur reste en arrêt.

De loin, on aperçoit des silhouettes de femmes. Martine leur dit :

- La voilà avec les autres. C'est elle qui porte la robe rouge.

Le petit groupe continue d'avancer. Belle porte une bassine d'eau sur la tête.

A la vue des deux hommes, elle reconnait tout de suite son père. Il faut dire qu'en prenant de l'âge, Adolphe ressemble de plus en plus à son défunt père.

Belle vacille et la bassine d'eau se renverse, l'arrosant elle et sa copine la plus proche au passage.

- Aie ! Qu'est ce qui t'arrive ?

Belle ne répond pas.

- On dirait que tu viens de voir un fantôme !

- C'est le cas. Dit-elle dans un souffle.

Belle repend ses esprits et se précipite tel un bolide dans les bras de son père, sous le regard étonné des copines. En réalité, elles ne savent rien de son passé...

... Nul ne sait ce qu'Adolphe et sa fille se sont dit. Au bout d'un moment, il revient et fait signe au chauffeur.

Les deux hommes retournent dans le bar. Adolphe semble apaisé. Il offre une tournée générale. Puis c'est le retour au village.

Tous les attendent dans la cour, impatients.

Adolphe confirme que les propos de Josépha étaient justes. Que Belle est effectivement en vie et qu'elle est bien installée...

Quel soulagement !

... Deux mois plus tard, comme d'habitude, Adolphe rend visite à père Bertrand. A peine arrive-t-il à la paroisse que celui-ci l'apostrophe :

- Comment s'appelle encore ta petite fille ?

- Ruphia Tenda.

Tandis que le curé tourne les pages du journal, Adolphe ne le quitte pas des yeux, se demandant où il veut en venir.

- Mon fils ! Regarde. Lui dit-il, en lui désignant une page. La dame dont on parle là, a le même prénom que ta petite fille. Quel âge a-t-elle aujourd'hui ?

- Attendez... 18 ou 19 ans je pense.

- Et, est-ce qu'elle ressemble à cette jeune fille ?

Adolphe scrute l'image avec une telle minutie que ses mains en tremblent. Son regard s'illumine de plus en plus.

- Mon père ! Je ne la connais pas. Mais elle a quelque chose de particulier qui me fait penser que c'est elle !

- Merci mon père.

- Ne me remercie pas. Tu vois mon fils, dieu fait des merveilles. Va en paix et que dieu te bénisse !

... Dehors, Adolphe court tel un forcené et vient de se jeter par terre. Le chauffeur se précipite inquiet.

A proximité, il l'entend crier :

- Elle va bien ! Elle va bien !

- Qui ? Qui ? Hein ?

- Mais Ruphia ! Elle est en vie !

- Comment le sais-tu ?

- Elle est dans le journal ! Je l'ai vue de mes propres yeux !

- Et tu es sûr que c'est elle ?

- Ben, je pense que oui !

- Tu penses seulement ? Va chercher le journal et montre-le à Atina. Si elle te dit oui, c'est bon. Elle aime tous les enfants sans distinction.

Adolphe retourne à la paroisse.

... La voiture vient de s'arrêter. Adolphe se précipite vers Atina. Son agitation ne passe pas inaperçue. Du monde accourt :

- Qu'est ce qui se passe ?

- Chut ! fait le chauffeur.

Pendant ce temps, Atina et Adolphe analysent en détail le bout de papier. Le temps semble suspendu. Puis Atina s'écrie :

- C'est bien elle ! Ruphia est en vie ! Ma fille est en vie !

Suit une allégresse générale ! Ce soir là, tout le village est en fête.

Pour Atina qui a tant pleuré, le destin vient de lui faire un inestimable cadeau en lui retrouvant ses deux filles.

... « Il faut que nous allions la voir ». Cette phrase revient constamment dans les conversations.

Mais dans le concret, pas facile à faire.

Ruphia a quitté le village dans des circonstances abominables et nul ne sait comment elle réagira.

De plus, tous appréhendent cet instant là, chacun ayant une bonne raison et surtout des regrets :

- d'avoir été cruel avec elle pour Claude,

- de ne pas l'avoir suffisamment défendue pour Atina,

- d'être à l'origine du chaos familial pour Adolphe,

- de n'avoir pas su défendre leur sœur pour les garçons,

- de ne pas avoir su arrêter Claude, quand il était encore temps pour les ouvriers et les gens du village.

Et le temps passe, passe, sans qu'aucun d'entre eux ne trouve le courage d'y aller.

- 9 -

... Ruphia et Maxime sont au Cameroun depuis quatre semaines.

L'aménagement de leur maison, témoigne des talents et du goût exquis de la maitresse de maison en matière de décoration et de couture. Les premières personnes entrées chez elle, ne tardent pas à passer commande.

Pourtant, cette sensation bizarre qu'elle éprouve depuis le début, ne la quitte pas. Le soir, en attendant le retour de Maxime, elle réalise à chaque fois que la villa est trop grande. Elle n'en demandait pas tant.

Sa situation antérieure lui a appris le sens de l'effort et l'humilité, mais c'est la fonction de Maxime qui veut ça. Elle est dans son pays, sans véritablement l'être.

Ce qu'elle sait du Cameroun, elle l'a appris dans les livres. Sa seule famille pour l'instant, c'est son mari et les siens et un peu, son personnel.

Comme elle regrette le Gabon. Ce pays qui lui a ouvert les bras, à elle et ses mamans. Elle le connait aujourd'hui, mieux que son pays natal.

Instinctivement, elle prend le téléphone :

- Mamans !

- Comment ça va chérie ? Lui font-elles en chœur.

Ruphia sait à quel moment les joindre au pressing.

- Bof ! Pas très bien.

- Qu'est ce qui ne va pas ?

- On dirait que je suis une étrangère ici.

- Qu'est-ce qui te fait dire cela ?

- C'est une impression. L'autre jour, je suis allée au marché avec Félicie. A tous les coups, c'était :

- Vous êtes étrangère Madame ?

- Non ! Pourquoi ?

- Parce que vous avez l'accent gabonais ! Arrêtez de les imiter !

Agacée, j'ai fini par répondre à quelqu'un :

- Je suis Gabonaise !

- Et que faites-vous ici, avec tout l'argent qu'il y a là bas ? Madame, il faut rentrer chez vous !

- Que répondre à tous ces gens ? Je ne vais tout de même pas leur raconter ma vie, chaque fois que je mets le nez dehors.

Et à tour de rôle, chacune tente de la rassurer :

- Allez ! Pas de tristesse, d'accord ?

- Tu viens juste d'arriver, tu verras, ça ira de mieux en mieux.

- Tu es une bonne personne, tu feras de belles rencontres.

... C'est ainsi chaque fois qu'elle traverse une période de doute.

- Au fait, tu as des nouvelles du village ? Lui demande Annie.

- Pas encore ! Mais je suis allée voir quelqu'un ? Je vous laisse deviner qui.

- Le commissaire X ! Répondent les trois voix en chœur. Nous savions que tu allais le faire...

- Et comment va ce bon vieux X ?

- Bien... Je vais suivre son conseil. Il m'a dit de ne pas m'en faire et que ce sont les gens du village qui me retrouveront, grâce à l'article paru dans le journal.

- En effet, il n'a pas tort. Alors, attendons.

- Quand tu seras prête, n'hésite pas à nous dire. Je pourrais t'accompagner. Dit Louise.

- Et nous alors ?

- Et qui fera tourner les boutiques pendant ce temps ? Vous oubliez que c'est notre gagne pain ?

- Dommage ! Nous viendrons une autre fois dans ce cas.

Louise reprend :

- Et comment ça se passe avec tes employés ?

- Le chauffeur de Maxime est gentil et respectueux. Félicie, Amin et Auguste sont pareils. Il n'y a qu'avec Joachim, mon chauffeur, que j'ai quelques soucis.

- Qu'est ce qui se passe ?

- Je pense qu'il a une haute opinion de lui. L'autre jour, il est arrivé en retard. Je le lui ai fait remarquer. A sa façon de me répondre, j'ai compris qu'il n'a pas du tout apprécié. Ce qui m'a profondément déplu.

- Je te connais bien. Il a dû y aller fort pour te contrarier. Dit Louise.

- Renvoie-le chez lui ! Suggère Monique.

- Et tu l'as dit à Maxime ? S'enquit Annie.

- Non ! Je ne voulais pas lui créer des problèmes.

- Ce n'est pas de toi que viendront ses problèmes. Il se met dans la panade tout seul.

- Ma fille ! Lui dit Monique. Sache une chose : tu es une femme et chez nous, peu d'hommes nous respectent réellement.

Propos appuyés par Louise :

- Il est en train de te tester. Alors, la prochaine fois, car il y en aura sûrement, tu lui feras savoir qui de vous deux est le patron. D'accord ?

- Tu sais bien que ce genre de rapport m'indispose.

- Je sais. Mais, si tu ne fais rien, il va continuer. Un de ces jours, il te proposera de coucher avec lui.

- Quoi ? Il n'osera jamais faire une chose pareille !

- Tu verras. Fais confiance à mon expérience...

- Bien, nous retournons travailler. Surtout, n'oublie pas ce que nous t'avons dit de faire.

... Deux semaines plus tard, la Mercédès de Ruphia souffre à avancer. En cette période de Noël, traverser Yaoundé est un véritable exploit.

Des chauffeurs de taxi se faufilent entre des pousseurs, des grumiers surchargés et des voitures de particuliers. Des conducteurs plus excités que d'autres, ne cessent de klaxonner et de diffuser à tout vent, des insultes hautement grossières...

La Mercédès s'immobilise. Joachim épie sa patronne par le rétroviseur intérieur, profitant de l'occasion pour la dévorer des yeux. Son regard est concupiscent.

- Madame ! Lui dit-il.

- Qui ?

- Vous n'avez pas marre d'être enfermée tout le temps dans la villa ?

La question lui semble très déplacée.

- Pardon ?

Joachim reprend :

- Je me disais que je peux faire plus pour vous.

- C'est-à-dire ?

- Que je connais des coins très bien, où nous pouvons passer de temps en temps les après-midis.

- Qu'essayez-vous de me faire comprendre ?

- Ne faites pas votre naïve Madame. Je sais que vous comprenez parfaitement ce que je suis en train de vous dire.

- Non ! Monsieur Joachim..., vous êtes en train de me manquer de respect.

- Pas du tout Madame.

La voiture redémarre.

Ruphia n'a plus dit un mot. Assise à l'arrière, elle continue d'observer le paysage que les embouteillages rendent si répulsif. Elle sent la colère monter, monter. Ses mamans avaient donc raison. La décision à prendre s'impose de plus en plus à elle.

Ils atteignent enfin la villa. Ruphia n'attend pas que Joachim vienne lui ouvrir la portière. Elle sort rapidement et rentre dans la maison.

Le jardinier s'approche de Joachim :

- Qu'est ce qui s'est passé pour que Madame soit en colère ainsi ?

- Elle est en colère ?

- Et toi, tu me fais croire que tu n'as rien vu ? Tu es aveugle ou quoi ? D'habitude, elle est souriante.

Après s'être changée, Ruphia redescend. Elle trouve Joachim avec le jardinier :

- Monsieur Joachim... ! Vous m'avez manqué de respect. Sachez donc qu'à partir de cet instant, vous ne travaillez plus ici. Ramassez vos affaires et sortez de chez moi !

Joachim pointe à présent son torse en avant, s'avançant menaçant vers Ruphia. Le jardinier le bouscule. En un éclair, escorté par le gardien et le jardinier, il quitte définitivement les lieux.

Ruphia remercie ses deux employés et s'en va. Elle sent ses jambes trembler. Réalisant avec satisfaction, qu'elle vient de prendre sa première décision difficile en tant qu'adulte et qu'elle ne la regrette pas du tout.

... Bientôt six mois au Cameroun. Presque chaque jour, Odile la belle-mère de Ruphia est confrontée à la question :

- Elle n'est toujours pas enceinte ta bru ?

Avec ses amies, elles évoquent sans arrêt les enfants que Ruphia aurait déjà dû donner à son mari...

Très tôt ce matin là :

Dring ! Dring ! Retentit sauvagement la sonnerie.

Maxime se précipite sur le balcon.

- Qu'y a-t-il ?

- C'est moi Jacques ! C'est ta mère. Elle va mal !

Une fois assis, l'homme reprend :

- Elle se plaint des douleurs au ventre depuis quelques jours déjà. Et, ce matin, on l'a retrouvée allongée par terre... Je sors de l'hôpital.

... Odile a frôlé une septicémie. A sa sortie de l'hôpital, Elle s'installe chez Ruphia et Maxime, le temps de sa convalescence. Et le temps passe, passe.

Chaque fois que Maxime évoque son retour dans la maison familiale, Odile trouve tous les prétextes pour ne pas s'en aller : cœur fragile, paludisme chronique, hypertension...

Et les jours se succèdent les uns aux autres. Ruphia constate l'humeur changeante de sa belle mère, surtout en l'absence de Maxime. Fait qu'elle attribue à ses soucis de santé.

Ce matin là, alors qu'elle se dirige vers son atelier, pensant à la tenue qu'elle doit rapidement coudre pour une de ses clientes, la voix d'Odile la tire de sa rêverie :

- Ruphia, je veux que tu m'écoutes !

- Oui maman.

- Qu'est ce que tu attends pour donner des enfants à mon fils ?

La question la prend un peu de court et puis, elle n'a pas envie d'aborder ce genre de sujet avec elle.

Maxime et elle avaient convenu d'attendre qu'elle assoie sa carrière avant de faire des enfants. Et, avant de quitter le Gabon, Louise l'avait conduite chez un gynécologue réputé. Aucune anomalie n'avait été détectée.

- Parce que ce n'est pas encore le moment. Lui dit-elle respectueusement.

- Ah bon ? Et moi, si j'avais raisonné ainsi, tu crois que tu serais en train de te pavaner par ci par là, te targuant d'être la femme de mon fils ?

- Qu'est-ce qui vous arrive Odile ? D'abord, je ne me pavane pas. C'est méchant ce que vous me dites là.

- Méchant ? Vous n'avez encore rien vu. Je vous conseille de revoir votre position. La vie d'une femme ne se résume pas à des grands projets de carrière et à se faire belle.

Ruphia quitte rapidement la pièce. En fin de journée, à peine Maxime pénètre dans le salon pour saluer sa mère que celle-ci vocifère :

- Mon fils ! Cette maison est vide ! Et ta femme me raconte des sornettes au lieu de faire des enfants. Et avec une telle insolence !

- De quoi parles-tu maman ?

- Des fils qu'elle aurait déjà dû te donner. Elle m'a dit qu'elle n'est pas prête. Tu parles. Dis-moi mon fils, c'est quoi ces bêtises ? Elle ne t'aurait pas envouté par hasard ?

- Certainement pas maman.

- Si ce n'est pas cela, comment as-tu pu la laisser te convaincre ? Te rends-tu compte que j'aurais pu mourir l'autre jour sans jamais voir mes petits enfants ? Il faut que je sache qui elle est au juste : une femme ou un œuf ! Mon fils, rappelles-toi, je t'ai eu à quatorze ans.

- Les époques ont changé et nous ne sommes pas pressés.

- Non mon fils, pas la maternité. Soit on veut des enfants, soit on n'en veut pas.

... Le soir venu, l'ambiance est électrique, morose et suffocante dans la maison.

A table, Odile revient à la charge. Maxime ne dit mot. Il semble épuisé par la conversation eue avec sa mère. Les regards d'Odile en direction de Ruphia sont quelque peu hostiles.

De temps en temps, Ruphia regarde son mari, se demandant à quel moment, il remettra sa mère à sa place. Mais Maxime ne fait rien, se contentant de fixer son assiette et évitant soigneusement le regard de sa mère.

Le repas se termine. Ruphia et Maxime s'éloignent, laissant Odile en plan. Une fois dans la chambre :

- Dis, tu vas laisser ta mère encore longtemps se conduire de la sorte ?

- Ruphia, sois pas dure avec elle. C'est juste une angoisse due à ses soucis de santé.

- J'en doute. Tu es sûr que ses soucis de santé sont aussi graves qu'elle le prétend ?

- Oui ! Pourquoi, tu doutes d'elle ?

- En effet. Je n'en suis pas convaincue. Elle s'en sert juste comme un prétexte pour rester ici, te manipuler et nous diviser.

- N'exagère pas, tu entends ?

- Tiens donc !

Cette nuit là, chacun semble en proie à une introspection égoïste : pas de câlin, pas de mot échangé. Rien qu'un regard teinté d'indifférence.

... D'habitude, Odile s'attarde au lit le matin. Mais, depuis la discussion de la veille, elle se lève à la même heure que Ruphia. Dès qu'elle s'installe pour prendre son petit déjeuner, elle vient la trouver :

- Tu n'as pas d'instinct maternel n'est ce pas ?

Ruphia ne lui répond pas. Elle feint de ne pas la voir, de ne pas l'entendre.

- Car, tu aurais déjà au moins deux enfants. Sache donc qu'il n'y a pas de place pour ce genre de femme auprès de mon fils.

Ruphia reste imperturbable. Elle termine son petit déjeuner, débarrasse la table et s'en va, ignorant les : « Je vais te montrer ! », copieusement distillés par Odile.

... Encore une fois, Ruphia se tourne vers son mari :

- Il faut vraiment que tu fasses quelque chose. La situation devient intenable.

- Tu ne dramatises pas un peu ? Laisse-là râler.

- Maxime, elle ne fait pas que râler. Elle me menace, m'insulte...

- Je suis sûr que ce n'est pas méchant. Elle ne comprend pas notre décision.

- Et toi, la comprends-tu au moins ?

- A vrai dire, je ne sais plus.

- Quelque soit le cas, dis à ta mère que son comportement n'arrange rien.

... Plus les jours passent, plus Odile redouble de hargne. Cette nuit là, alors qu'un soupçon de tendresse gagne à nouveau le couple, Odile fait irruption dans la chambre. Il est trois heures et demie du matin. Le couple se réveille en sursaut :

- Hé ! Toi là !

Ruphia reconnait la voix de sa belle mère. Elle se serre un peu plus contre son mari.

- Je m'adresse à toi qui es couchée là avec mon fils ! Je sais que tu m'entends, alors écoute bien ceci : tu crois que tu es venue ici pour dormir ? Sais-tu que c'est à cette heure qu'on fait les enfants ? Je te conseille de te mettre au boulot !

Et elle referme la porte aussi sec.

Le matin, Ruphia et Maxime se réveillent les traits tirés. Il faut dire qu'après une telle intrusion, ils ont eu du mal à retrouver le sommeil. Ruphia espère que cette fois, Maxime fera quelque chose.

Mais, il ne se passe rien. Ce qu'elle n'apprécie pas du tout. Maxime semble dépassé par les évènements. Après tout, Odile est le seul parent qui lui reste.

L'autre jour, elle a même fait venir la fille d'une de ses amies pour que Maxime l'épouse en secondes noces. Sur les conseils de ses mamans, Ruphia a appelé la police. La fille a été reconduite au portail.

Depuis, la guerre entre les deux femmes est ouverte. Ruphia fait d'énormes efforts pour ne pas lui manquer du respect.

Le personnel quant à lui, désapprouve en silence le comportement d'Odile. Ils en parlent souvent et se sont mis d'accord pour l'ignorer.

Depuis, son agressivité est devenue incontrôlable.

... Au Gabon, Monique est tombée malade. Les nouvelles qui parviennent à Ruphia ne sont guère rassurantes. Elle téléphone chaque jour, espérant avoir un autre son de cloche. Et à chaque fois, dès qu'elle raccroche, elle fond en larmes.

Le climat actuel ne lui permet pas de partager ses soucis avec Maxime. De plus, ce dernier ne semble même pas se rendre compte de sa détresse. Cet après-midi là, le téléphone sonne. Louise sanglote. Monique vient de s'éteindre à l'hôpital. Ruphia s'effondre par terre.

Deux jours plus tard, elle s'envole vers le Gabon.

... Les obsèques de Monique sont émouvantes. De nombreuses personnes sont venues apporter leur soutien aux trois femmes. Il y avait même les anciennes camarades de classes et collègues de Ruphia, ainsi que Madame Anne.

C'est dommage de revoir tout ce monde dans de telles circonstances. Regrette Ruphia. Dans la chambre de Monique, tout est à la même place, comme si elle allait revenir sous peu.

Ruphia et ses mamans s'allongent dans son lit, comme pour s'imprégner une dernière fois de sa présence. Finalement, elles passent la nuit sur place. Dans la salle de bain le matin, Louise regarde sa fille attentivement :

- Quelque chose ne va pas ? Tu as encore des problèmes dans ton couple ?

- Moi ? Pas du tout !

- Tu crois que tu peux me tromper ? Maxime ne t'a pas appelée une seule fois depuis que tu es arrivée.

Au même moment, Annie entre dans la pièce :

- J'ai entendu la conversation et je partage entièrement ton avis. Tu es maigre. Tu as mauvaise mine. Je dois dire que c'est la première chose qui m'a frappée en te voyant. Alors, pitié, dis nous ce qui ne va pas.

- Je ne voulais pas vous ennuyer avec ça.

- Comment peux-tu dire une chose pareille ?

- Excusez-moi. Je pensais pouvoir résoudre moi-même le problème avec la mère de Maxime. Ce qui est difficile, c'est qu'il ne me soutient pas.

- C'est toujours l'histoire de la fille de l'autre jour ?

- Non, la fille était juste un pion. Madame mère veut des petits fils. Mais depuis que j'ai fait expulser la fille de la villa, c'est la guerre. Odile s'acharne sur moi du matin au soir depuis des mois, m'accusant de manquer d'instinct maternel. Certaines nuits, elle fait irruption dans notre chambre. C'est intenable. Maxime ne lui dit rien, sous prétexte qu'elle a des problèmes de santé...

- Odile manipule son fils. Dit Louise.

- C'est clair renchérit Annie. Elle se sert de ses soucis de santé. C'est sûr que ce n'est pas facile pour Maxime non plus. C'est son seul parent.

- Mais en attendant, c'est leur couple qui vole petit à petit en éclat. Et elle croit que c'est en agissant ainsi que vous allez faire des enfants ?

- Il a peur de sa mère, c'est évident et elle, elle en profite. Je vais l'appeler. Dit Louise.

- Ce n'est pas la peine. Elle est têtue, n'écoute pas. Elle croit tout savoir...

- Elle domine son fils et le manipule. Dans ce cas, je crains que ce soit la fin.

- Etonnant, quand on connait la personnalité de Maxime.

- Là, il s'agit de sa mère. C'est différent.

- Comme j'aimerais débarquer là bas et lui casser la gueule ! Explose Annie en serrant les poings.

- Annie, tu la tuerais ! Elle n'en vaut pas la peine. Peut-être que X peut nous aider ?

- Je ne pense pas que ce soit utile. C'est à nous de le faire.

- Et X, il ne peut pas ?

- Il n'est pas au courant.

- Tu ne veux pas lui dire ?

- Oui. La solution c'est que je fasse des gosses à la pelle. Or cela ne se commande pas. La seule solution qui reste, c'est d'éloigner sa mère. Et cela, je ne pense pas qu'il le fera.

- Pas facile !

- En effet. Mais nous allons trouver une solution. Ne vous inquiétez pas.

- Tu nous tiens au courant.

- Ça me fait du bien de partager enfin mes soucis avec vous. Ça soulage.

- Tu sais bien que nous serons toujours là... Tu nous tiens au courant de la suite, d'accord ? C'est dommage de tomber sur une telle belle mère. Elle semblait si charmante quand elle est venue ici.

- C'est à croire que son hospitalisation l'a complètement transformée.

- Sache une chose, ce n'est pas ta faute. Tu es juste tombée sur une belle mère satanique.

... Ruphia est de retour. A l'aéroport, elle aperçoit le chauffeur de Maxime :

- Monsieur n'est pas là ?

- Non. Il est parti en mission il y a deux jours. Vous avez fait bon voyage Madame ? Je vous présente mes sincères condoléances.

- Merci beaucoup.

- De rien Madame.

- Quelque chose vous dérange ? On dirait que vous hésitez à me dire autre chose, pas vrai ?

- Madame, c'est que, je ne sais pas si j'ai le droit.

- Le droit de faire quoi ?

- C'est juste qu'il y a du changement à la maison.

- C'est-à-dire ?

- Que votre belle mère a fait venir une autre femme pour Monsieur. Sa famille l'a accompagnée hier. C'est Amin qui me l'a dit.

- Ah bon ? Monsieur revient quand ?

- Dans deux semaines. Cette vieille là n'est pas bien. Elle a obligé Amin et les autres à déménager vos affaires dans la dépendance.

... La voiture continue de rouler. Ruphia se sent lasse. Elle aimerait bien faire demi-tour, remonter dans l'avion et retourner chez ses mamans. Mais c'est impossible. Elle refoule aussitôt cette pensée.

L'impression d'avoir échoué sur tous les plans ne cesse de grandir en elle. Elle entend la voix du découragement lui parler : regarde où tu en es ? Tu es sur le point de perdre ton mari et en plus tu n'as même pas encore retrouvé ta famille...

Et comme toujours, elle l'écrase avec le doux visage de sa maman. Puis s'entend dire : pas de panique. Il faut d'abord te reposer, tu verras plus clair demain.

... Amin ouvre le portail.

Ruphia se dirige directement vers l'atelier où sont entreposées ses affaires. Amin comprend qu'elle est au courant de la situation.

- Nous sommes désolés Madame.

- Ce n'est rien.

- Voulez-vous qu'on vous aide ?

- Ce n'est pas la peine.

Puis elle referme la porte, déplie le fauteuil lit qu'elle recouvre d'un drap. En quelques minutes, la voilà dormant profondément.

Le lendemain, elle se rend dans la maison. Oh mon dieu ! Comme tout a été chamboulé s'exclame-t-elle intérieurement. Les meubles sont orientés différemment. Même les rideaux ont changé. Le tout donnant un amalgame sans style. Rien à voir avec cette décoration qui lui a valu des commandes en cascade. Quelle désolation !

Odile l'observe depuis le salon, l'air défiant et sans un mot, feignant d'être accaparée par son émission de télé. Elle ne daigne pas répondre à ses salutations.

Ruphia monte à l'étage. Dans sa chambre, une jeune femme à peu près de son âge, est allongée sur le lit, lisant un magazine. La femme se redresse :

- Madame, vous cherchez quelque chose ?

- Je vérifie si toutes mes affaires sont bien de l'autre côté. Je vois que non. Ce magazine que vous lisez est à moi.

- Pardon ! Tenez-le.

- Je vous en prie. Vous pouvez le garder.

- Merci.

Ruphia constate qu'aucune trace d'elle ne subsiste ni dans les placards, ni dans le dressing. Les larmes lui montent aux yeux. Elle les refoule aussitôt.

Pendant ce temps, Odile suit la conversation, tapie derrière la porte d'un placard. Ruphia l'aperçoit, mais s'abstient de tout commentaire. Elle la fixe quelques instants, se demandant ce qu'elle est en réalité, un démon, un vampire ou juste une folle.

Depuis le bas de l'escalier, elle l'entend vociférer :

- Qu'est-ce que je viens d'entendre ? Tu essaies de copiner avec elle ?

- Non mère. Il n'est pas interdit d'être poli.

- Hé ! Fais attention ! A peine elle rentre ici que tu deviens insolente ?

- Ce n'est pas...

- Tais-toi !

... En fin de journée :

- Allo maman ! Vous connaissez la dernière ?

- Non !

- Elle a fait venir une autre femme pour Maxime, la fille d'une de ses amies. Je l'ai trouvée tranquillement allongée sur notre lit.

- Quelle sorcière ! Et Maxime ?

- Il est en mission. Apparemment, il n'est même pas au courant.

- Tu veux faire comme la dernière fois ?

- Pas cette fois, Je ne vais pas appeler la police. Les choses vont un peu trop loin à mon goût cette fois. Et il faut mettre un terme à tout ça.

- Tu as raison. Il vaut mieux attendre le retour de Maxime.

- On verra bien. Ce qui me chagrine, c'est la façon dont elle a réussi à effacer mes traces. On dirait que je n'ai jamais vécu dans la maison.

- Je ne suis pas d'accord avec toi sur ce point, car qu'elle le veuille ou non, ton âme plane dans cette maison. Elle va aussi changer tous ces meubles que tu as minutieusement choisis ?

- On verra ce que Maxime va faire. Il n'a pas beaucoup de choix. Je le plains, le pauvre.

- Encore toi Louise ! Sa mère n'a qu'à le plaindre si elle veut. Pour l'instant, c'est à notre fille qu'ils font du mal.

... Comme le temps passe vite ! Maxime arrive demain. Durant son absence, Ruphia, aidée par ses employés, a réussi à aménager son appartement et installer convenablement son atelier.

Elle a fait un tour chez Papapoulos. Et on est venu lui livrer un frigo, une cuisinière, un lit, de la vaisselle...

- Adèle vient voir ! Cette femme est une sorcière, tu vois comment elle gaspille l'argent de mon fils !

- Mais mère, elle travaille elle-même.

- Ferme–là ! Ne deviens pas insolente. Cette femme a une très mauvaise influence sur toi. Fais attention.

... De temps en temps, Ruphia croise Adèle. Contrairement à Odile, elle ne semble pas avoir un mauvais carma. Peut-être même qu'elles seraient devenues amies dans d'autres circonstances ? C'est certainement pour cela qu'Odile s'emploie à les monter l'une contre l'autre et à faire en sorte qu'elles n'aient pas de contact.

Malgré le cafard et la tristesse, Ruphia n'a pas le temps de s'apitoyer sur son sort. Elle doit honorer une importante commande : environ une vingtaine de robes du soir à coudre pour un évènement important, qui aura lieu à la présidence.

La plupart des clientes ont attendu le dernier moment pour lui apporter les tissus. Il faut dire aussi que le décès de Monique n'a rien arrangé. Maintenant, il va lui falloir mettre les bouchées doubles. Elle a trouvé deux bonnes couturières grâce à Félicie et le travail avance bien.

Tout en prenant son petit déjeuner sur la terrasse côté dépendance, elle contemple attentivement ses croquis, tentant d'y repérer la moindre imperfection qui leur ferait perdre du temps.

Des questions lui viennent à l'esprit : et si ça ne s'arrange pas avec Maxime ? Et si sa mère refuse de s'en aller ? Et si c'est elle, Ruphia qui est contrainte de partir ?

Elle prend conscience de ses sentiments pour son mari, cet homme, son premier, le seul jusqu'à présent, le seul avec qui elle a partagé tant de bons moments. Comme elle aimerait revenir en arrière, à la période d'avant la maladie de sa belle mère ! Elle lève les bras vers le ciel.

Au fond d'elle, elle sait que la situation ne peut perdurer. Si sa belle mère ne quitte pas la maison, c'est elle qui s'en ira. Elle ne peut retenir ses larmes.

... Dans la voiture qui le ramène chez lui :

- Ma femme est revenue ?

Maxime semble impatient.

- Oui patron. Mais il y aussi votre nouvelle femme.

- Hein ? De quelle femme parlez-vous ?

- Vous n'êtes pas au courant ? Il y a eu une fête ces jours-ci dans à la maison. Des gens ont accompagné une jeune femme, votre épouse...

Amin se rend compte que son patron n'est au courant de rien.

... Maxime se précipite vers la maison :

- Qu'as-tu fait maman ?

- Je t'ai choisi une jeune femme pour te faire des enfants puisque ta princesse n'en veut pas.

- Et sans m'en parler ?

- M'aurais-tu écoutée ? Mon fils, je ne veux que ton bien. Cette femme te manipule, elle est un danger pour toi. D'ailleurs ta fiancée t'attend dans la chambre.

- Elle n'a pas le droit d'être là bas !

- Mais si, tout s'est fait avec la bénédiction de ta femme.

- Je ne pense pas.

- Alors, pourquoi a-t-elle pris ses affaires pour s'installer à la dépendance ? Tu vois mon fils, tout est en ordre. Il n'y a pas de problème.

Félicie les observe à l'écart, fixant Odile d'un regard dénonciateur. Maxime comprend que sa femme n'a aucunement déménagé ses affaires.

Il se dirige à présent vers les dépendances :

- Où vas-tu ? Je t'ai dit que ta fiancée t'attend à l'étage.

La voix d'Odile est autoritaire. Maxime ne lui répond pas.

A la dépendance, Ruphia l'accueille sans enthousiasme.

...

- Ca va ? Lui demande t-il en se penchant pour l'embrasser. Je suis navré de te faire subir tout ça.

- Et que comptes-tu faire ?

- Je ne sais pas. C'est ma mère et elle est malade...

- Tu connais mon avis sur le sujet. Et cette femme qui vit dans notre chambre ?

- Je ne l'ai pas invitée. Je n'ai rien demandé non plus. Elle n'a rien à faire dans notre chambre... Je sais pertinemment que tu n'as pas déménagé tes affaires. Je te présente mes excuses. Reviens avec moi.

- Non ! Cela ne résoudra pas le problème. Le fait est grave. J'ai été mise à la porte de notre maison.

- Je sais. Mère n'aurait jamais dû faire une chose pareille. Je le lui ai dit.

- Et qu'en pense-t-elle ?

- Que son comportement est normal, puisque tu ne veux pas faire des enfants. Il lui faut trouver la solution ailleurs.

- Doit-on lui rappeler que c'est de ta vie qu'il s'agit et pas la sienne ? Maxime, nous avions nos propres projets communs. Que sont-ils devenus ? Ta mère a entièrement pris possession de notre vie !

- Tu ne penses pas ce que tu dis.

- Au contraire, c'est très bien pensé. Tu laisses ta mère nous bouffer tout cru. Tout cela me fatigue. Il n'y a plus rien à dire, à part que tu es face à un choix : ta mère ou moi.

- Tu ne peux pas me demander de choisir entre vous deux.

- Si ! Quant à ta « nouvelle femme », je la plains, car tout compte fait, elle n'est qu'un autre pion.

Maxime reste silencieux.

- Maintenant, excuse-moi, j'ai besoin de me reposer.

- Je ne veux pas de la nouvelle. C'est toi
que j'aime. C'est toi ma femme.

- Va donc faire valoir ces intentions
nobles auprès de ta mère.

Ruphia est meurtrie d'en arriver là. Ce
soir là, Maxime tente de dormir à la
dépendance :

- Non, tu ne peux pas dormir ici. Tu vois
bien que j'ai un lit une place
contrairement à toi. Tu as un grand lit et
une femme qui t'attendent. Tu as aussi la
chambre d'amis. Tu verras laquelle te
convient.

Maxime s'en va contre son gré. Il est mal
à l'aise. Il aperçoit sa mère et lui jette un
regard glacial.

- Mon fils ! Lui dit-elle. Tu me
remercieras un jour.

Il monte rapidement les marches et se
retrouve dans la chambre :

- Mademoiselle, pouvez-vous me rendre
un service ?

- Oui, lequel ?

- Soyez gentille. Reprenez vos affaires et installez-vous dans la chambre d'amis.

- C'est vraiment ce que vous voulez ?

- Soyons clairs. C'est ma mère qui vous a fait venir ici, pas moi.

- Elle pensait que...

- Excusez-moi, je suis fatigué et j'ai besoin de ma chambre.

Adèle, tel est son nom, s'exécute.

Le matin venu :

- Alors, tu as dormi avec mon fils ?

- Non, il m'a chassée de sa chambre.

- Ne t'en fais pas, ce sera bientôt la tienne aussi. Je compte sur toi pour pimenter un peu plus les choses.

... Chaque soir, Adèle déambule dans le couloir en déshabillé ou petite culotte et chaque matin, elle rend compte à Odile :

- Continue ainsi, tu finiras par l'avoir. Il suffit juste d'aiguiser son appétit. C'est un homme, il finira par succomber.

Maxime continue d'ignorer les avances de la jeune fille. Tandis qu'Odile n'arrête pas de vanter son pédigrée et d'attiser chaque jour le torchon qui brûle entre les époux.

- Mon fils, tu crois que ta femme t'aime encore ? Elle ne s'est même pas battue pour rester avec toi. Qui te dit qu'elle n'a pas quelqu'un ?

- Je suis sûr qu'elle n'a personne.

- Moi, je ne serais pas si sûre. Elle va souvent en ville. En tout cas, elle a bien changé depuis son dernier voyage. Dieu seul sait ce qu'elles ont dû lui dire.

- Maman, j'ai entièrement confiance en ma femme. Et Louise et Annie sont des personnes formidables. Je veux que ma femme revienne dans la maison.

- Alors là, si tu oses faire une chose pareille, tu auras mon sang sur les mains.

- Pas la peine d'en arriver là. Ruphia ne t'a rien fait.

- Essaie et tu verras ! Aïe !

- Quoi encore ? Fait Maxime avec agacement.

- Je ne voulais pas t'inquiéter quand tu étais en mission. J'ai de plus en plus mal à la poitrine.

- Et tu n'es pas allée voir ton docteur ?

- Je te dis que je ne voulais pas t'inquiéter.

- Maintenant que je suis là, tu peux y aller.

... Adèle et Odile sont arrivées au service du docteur Mossi et attendent leur tour.

- Madame Odile Bonou, venez avec moi, dit la secrétaire.

Odile se lève. Adèle l'imite.

- Non, tu ne viens pas avec moi. Je ne suis pas encore sénile. Tu vas m'attendre ici.

- Comment allez-vous ? Lui demande le docteur.

- Je vais bien.

- Et qu'est ce qui vous amène.

- Mon fils s'inquiète.

- Dites-lui de ne pas se faire du souci. Vous êtes en excellente santé.

Le soir venu,

- Alors, que t'a dit le docteur ?

- Que mon cœur se fatigue de plus en plus et que la moindre contrariété peut m'être fatale.

Maxime fronce les sourcils. Il se lève et regagne sa chambre.

... Le temps passe, un mois, deux mois. Ruphia continue à patienter, sans toutefois fléchir sa position. Plusieurs fois, Maxime a tenté de s'installer avec elle dans la dépendance sans résultat.

Cette nuit là, allongé seul dans son lit, il caresse comme chaque nuit, la place vide à côté de lui. Sa femme lui manque. Adèle entre subtilement dans la chambre et s'allonge dans le lit. Ses doigts effleurent délicatement les lèvres de Maxime, faisant voler en éclat la moindre résistance...

A l'heure du déjeuner, Odile affiche sa satisfaction. Ces derniers temps, elle semble avoir trouvé un nouveau passe-temps : aller jardiner du côté des dépendances. Chose qu'elle ne faisait pas avant.

- Hé Amin, tu as vu ? Fait Félicie en orientant son regard vers Odile.

- Oui, c'est bizarre. Maintenant, elle traine tout le temps vers les dépendances. Cette sorcière cherche certainement à créer encore des problèmes à Madame.

Des jours plus tard, dans la nuit silencieuse, Odile se glisse dehors :

- Ruphia, Ruphia chuchote-t-elle.

Ruphia sursaute.

- Que se passe t-il ? Dit-elle inquiète.

- Il y a un problème ?

- Mon fils demande à te voir.

- A cette heure ? Il est souffrant ?

- Je ne me serais pas déplacée. C'est vraiment important.

Ruphia la suit. Elle est en robe de chambre. Arrivées en bas de l'escalier, elle lui fait signe de monter. Elle sent son inquiétude s'accroitre...

A sa grande surprise, elle trouve Maxime dans le lit avec Adèle, tous les deux tendrement enlacés et endormis. Elle recule d'un pas, de deux pas, trois, faillit dévaler les escaliers à la renverse. Le tout sous le regard jouissif d'Odile.

A cet instant précis, elle collerait bien deux claques à cette femme.

- Vous l'avez fait exprès ! Lui dit-elle.

Odile hausse les épaules. Ruphia s'enfuit.

Comme la vie peut-être cruelle. Se dit-elle. Seigneur, n'ai-je pas assez souffert ?

Qu'ai-je fait à cette femme pour briser ainsi mon mariage ? De grosses larmes inondent à présent son visage.

… Ruphia tente de se remettre d'une nuit agitée. Maxime est parti très tôt ce matin. Contrairement à son habitude, il n'est pas allé à la dépendance. Tant mieux, vu la colère de Ruphia.

La journée s'annonce chaude. Comme toujours, Ruphia est au téléphone avec ses mamans :

- Calme toi ma chérie. Pleure, ça fait du bien. On a vu venir. Tu connais Maxime, il a fait ce qu'il a pu. Les manigances de sa mère ne peuvent détruire votre amour…

- Je crois que c'est déjà fait.

- Il a fini par céder à la tentation. Odile croit avoir gagné, mais ce n'est qu'une toute petite victoire.

- Je vais partir d'ici.

- Pour aller où ?

- Je ne sais pas. Mais, il faut que je m'en aille.

- Tu veux revenir ici ? Dans ce cas, on t'envoie un billet d'avion.

- Non, je n'ai pas l'intention de revenir. Il faut juste que je trouve un autre logement.

- C'est vraiment ce que tu veux ? Tu n'as pas encore renoué avec la famille, tu ne veux pas en parler à X... Comment vas-tu faire ?

- Je me débrouillerai. J'ai la chance d'avoir des employés fidèles. Nous sommes en train de nous organiser. Et si c'est compliqué, j'irai voir Monsieur Papapoulos.

- Je peux m'occuper de te trouver un logement. Suggère Louise.

- Ça m'aiderait bien. J'ai du travail en retard.

- Cela prendra deux ou trois jours. Je te tiens au courant. Bon courage ma chérie.

Maxime ne se doute pas des évènements de l'autre nuit. Odile s'en est bien abstenue. En entrant dans la dépendance, quel ne fut son étonnement de voir des cartons çà et là.

- Qu'est ce que ça signifie ?

- Que je m'en vais, puisque tu es désormais en couple avec ta nouvelle fiancée.

Maxime baisse les yeux.

- Ce n'est pas ce que tu crois.

- Je crois ce que je vois. Quelqu'un s'est chargé de me mettre la preuve sous les yeux. Je vous ai vus tous les deux enlacés la nuit dernière. Maxime, je vous ai vus ! Et j'ai eu mal, très mal. Je ne t'ai jamais trahi, moi.

- Ruphia, je te demande pardon.

- Maintenant, laisse-moi.

Maxime sort de la dépendance penaud et triste. Ruphia le regarde s'éloigner les larmes aux yeux. Se demandant comment cet homme qu'elle avait tant aimé, a pu laisser ainsi faire sa mère. Comment ne voit-il pas tout le mal qu'elle est en train de leur faire ? Quel lâche se dit-elle.

… Ruphia ne cesse de pleurer. Bien évidemment tout ceci impacte son travail. La plupart de ses clientes sont des épouses de diplomates. Les évènements ne lui donnent plus envie d'être en contact avec ce milieu. Que vais-je faire se dit-elle.

La nuit suivante, la réponse à cette question lui parait évidente : devenir institutrice. Elle pense à ses mamans et aux séances pédagogiques eues avec elles.

Elle se rappelle particulièrement les réactions de Monique, menaçant chaque jour de laisser tomber, sans pourtant mettre son projet à exécution. Elle réalise tout à coup qu'elle aime enseigner. Sa façon d'expliquer à ses couturières en est la preuve.

Le lendemain :

- Allo, Ruphia !

- Oui mamans.

- Nous t'avons trouvé un appartement…

- Très bien ! Et il se trouve où ? Quand pourrais-je avoir les clés ?

- Va à la poste centrale voir Madame...

- J'ai réfléchi de mon côté. Je vais passer le concours d'instituteurs. D'ici là, j'espère retrouver le reste de la famille. Avec mes frères et Belle, on pourrait ouvrir un grand atelier de confection...

- Hé pas si vite ! Commence par te renseigner sur le concours. Ensuite on verra.

...Dans l'immense camion placé devant le portail, du monde s'active. Le renfort est venu grâce aux employés de Ruphia. Avec difficulté, ils hissent les machines dans le véhicule. En quelques minutes, la dépendance est vide.

Ruphia, Amin et le chauffeur s'asseyent dans l'habitacle, tandis que les autres montent à l'arrière. La désolation se lit dans les yeux d'Adèle. Odile jubile.

... Le soir venu :

- Patron, inutile de chercher Madame, elle est partie. Dit Amin.

La mâchoire de Maxime se raidit.

- Et vous savez où elle est allée ?

- En quelque sorte.

- Ça signifie quoi ?

- Que je crois qu'elle n'aimerait pas que je vous le dise.

- Vous voulez gardez votre travail oui ou non ?

- Oui, bien sûr.

- Alors dépêchez vous de m'indiquer où je peux la trouver.

... Ruphia regarde autour d'elle. Comme elle se sent lasse. Subitement, elle fond en larmes. Des coups frappés à la porte la tirent de son émoi. Qui peut bien toquer à la porte à cette heure ?

Elle se retrouve nez à nez avec Maxime.

- Que veux-tu ?

- Te dire combien je t'aime et que je veux que tu reviennes à la maison.

- Tu as une drôle de façon de le montrer.

- C'est à cause de ma mère. Il faut que tu comprennes, c'est mon seul parent. Je ne peux tout de même pas la mettre dehors. Elle ne va pas bien.

- Toujours la même rengaine. Tu n'en as pas marre ? Je ne reviendrai pas dans ces conditions. Maintenant, va-t-en.

- Je t'aime et je t'aimerai toujours.

Ruphia referme la porte et s'effondre sur le lit en larmes.

La maison qu'elle occupe appartient à un ancien ami de Louise avec qui elle a gardé de très bonnes relations. Cette maison en location vente est une vraie aubaine. Elle est belle et l'espace est suffisant pour se loger, accueillir la famille et aménager un atelier.

Ruphia revoit l'épisode de la gare routière et le courage dont elle a fait preuve jusque-là. A sa grande surprise, elle esquisse un sourire.

... Le temps passe, passe. Ruphia est rentrée dans l'école nationale d'instituteurs. La formation se fait en alternance : une partie à l'institut, le reste dans des écoles primaires. D'où sa présence dans la nôtre.

Elle se révèle être une bonne élève institutrice. Elle prend plaisir à aider les élèves en difficulté. Elle se lie d'amitié avec Julienne, une institutrice. Chaque jour après les cours, les deux femmes font une partie du trajet à pied, jusqu'au grand carrefour où officie Georges, l'agent de circulation.

Un jour, en se baladant au centre ville, les deux femmes le rencontrent.

- Hé, je vous connais ! S'exclame t-il !

- Mais, c'est Monsieur l'agent ! Bonjour, moi c'est Julienne et elle c'est Ruphia.

- Bonjour Ruphia ! Enchanté de vous connaître.

L'agent semble avoir beaucoup de mal à lâcher la main de Ruphia.

- Hé ! On dirait que tu as une sérieuse touche avec lui.

- Moi ?

- Ça t'étonne ? Tu es la plus jolie femme de l'école. Et lui, il est bien plus mignon sans son uniforme.

- Exact !

- Vous feriez un beau couple.

Eclats de rire ! Et les deux copines poursuivent leur chemin.

Depuis ce jour, l'agent attend impatiemment la sortie des écoles, pour voir passer celle qui fait battre si fort son cœur.

... Chez Maxime, la vie suit son cours, avec son lot de pression. Maxime et Adèle sont officiellement en couple depuis un an et contrairement aux prévisions d'Odile, l'enfant tant attendu tarde à venir.

Odile commence d'ailleurs à s'agiter :

- Hé vous deux, vous faites quoi de vos nuits ? Qu'attendez-vous ? Le temps passe et je ne rajeunis pas.

Un jour, une légère pression sur la sonnette :

- Pardon, nous cherchons Ruphia. Elle habite bien ici ?

Amin signe négativement de la tête.

- Et qui êtes vous ?

- Nous sommes ses grands parents.

- Mon dieu ! Madame sera folle de joie. Attendez, leur dit-il, je reviens.

Puis, il referme discrètement le portail.

- Amin, qui a sonné ?

- Madame, ce sont des gens qui cherchaient leur chemin.

- Et pourquoi, ils viennent nous déranger. Nous ne sommes pas aux renseignements. Il faut que Madame se repose.

Amin ouvre de nouveau le portail, veillant à ne pas faire de bruit. Puis, en leur tendant un bout de papier :

- Vous la trouverez là-bas. Il suffit d'indiquer cette adresse au taximan. Arrivés là bas, vous demandez la maison de la jeune enseignante. Je pense qu'ils la connaissent bien.

... Quelle surprise pour Ruphia en rentrant ! Assis à même le sol devant sa porte, une femme et un homme. De loin, le visage de la femme lui semble familier bien que moins jeune que dans ses souvenirs. L'homme lui est totalement inconnu.

Un nom surgit dans son esprit :

- Mama Atina !

- Oui ma fille ! Ruphia se jette dans ses bras.

Toutes deux fondent en larmes.

- Lui, c'est ton grand père Adolphe, celui que tu souhaitais tant voir.

Adolphe sent les larmes lui monter aux yeux, tandis que Ruphia le serre de toutes ses forces. Il les ravale aussitôt.

... Assis tous les trois sur le canapé, ils discutent de mille sujets. Il y a tant à dire. Le ton est à la fois sérieux, à la fois à la rigolade.

- Vous allez rester plusieurs jours ici, hein ?

- Nous ? Nous n'avons rien de plus que ce que nous portons. Nous étions censés faire un aller-retour.

- Ce n'est pas grave. Pour grand-père, nous irons en ville demain ! Quant à toi, suis-moi.

Ruphia ouvre un grand placard rempli de vêtements. Atina en a le souffle coupé. Jamais, elle n'avait pensé qu'une seule personne puisse posséder autant d'habits ! La plupart étant de belles pièces ramenées de voyage.

- Tu devrais trouver ton bonheur là dedans. Nous avons presque la même taille. Je te laisse.

... Ruphia et son grand-père s'affairent à la cuisine : poulet rôti en fin de cuisson, poisson braisé et des plantains qu'elle est en train de piler.

Atina finit par faire son choix. Elle ne se souvient même pas à quand remonte la dernière fois qu'elle a acheté un beau vêtement...

- Hum ! Comme ça sent bon ! Qu'est ce que vous faites de bon ?

- Plein de choses, c'est la fête aujourd'hui !

La conversation se poursuit à table. Ruphia leur apprend qu'elle a quitté la villa à cause de sa belle mère...

- Ma petite fille, je peux te dire que ce n'est pas facile pour Maxime. Et je sais de quoi je parle. Etre sous l'emprise d'un parent conduit forcément à faire des bêtises. Sois patiente mon enfant, il reviendra.

- Je peux aller lui parler si tu veux.

- Pas dans l'immédiat grand-père. J'ai besoin de voir plus clair. Et je préfère que tu le rencontres dans de meilleures circonstances.

La soirée avance et personne ne se décide à aller dormir.

... Ruphia en profite de ce séjour pour leur présenter le commissaire X. Au cours de la rencontre, X lui reproche de lui avoir caché ses soucis conjugaux.

Il se fait tard. Adolphe raccompagne X à sa voiture. Pendant ce temps :

- Tu aimes toujours ton mari ? S'enquit Atina.

- Je pense que oui. Mais il m'a tellement déçue.

- Tu sais, dans chaque mariage, il y a des hauts et des bas. C'est juste que tu es tombée sur la mauvaise belle mère. Je réalise la chance que j'ai eue. Mama Josépha était un don de dieu.

- C'est vrai. Je l'aimais beaucoup.

- Alors ma fille, laisse-moi aller dire deux mots à cette sorcière.

- Tu crois que ça servira à quelque chose ?

- Peut-être. J'y tiens. Mon regret ce serait de rien faire cette fois.

- Si tu veux. Demain, je dirai à grand-père que tu dois m'accompagner quelque part. En arrivant là-bas, je te présenterai à Amin et moi, j'irai faire un tour.

... A la villa de Maxime, le lendemain :

- Madame mère, la grand-mère de Ruphia souhaite vous voir.

- Et vous savez pourquoi ?

- Elle insiste.

- Qu'elle vienne alors.

...

- Ruphia m'a raconté ce qui se passe entre vous et je tenais à en parler avec vous. Votre fils ne l'aime plus ?

- Je n'en sais rien. Là n'est pas le problème. Votre petite fille ne veut pas faire des enfants. C'est ça le vrai problème.

- Et depuis qu'elle est partie, la nouvelle femme a dû vous en donner alors ?

- Malheureusement non.

- Vous êtes une femme et moi aussi. Nous avons été mariées et avons eu des enfants. Avec le recul, j'ai beau réfléchir et je n'ai aucun souvenir d'avoir subi une quelconque pression. Et vous ?

- Ce n'était pas nécessaire. On se mariait et on faisait des enfants tout de suite.

- Donc nous parlons d'une époque où le destin des femmes était tout tracé, sans laisser de place à l'ambition professionnelle. Elles se mariaient et faisaient des enfants, c'était tout. C'est bien cela ?

- En effet.

- Vous conviendrez avec moi que les époques ont changé.

- Si vous le dites.

- Je ne le dis pas, ce sont les faits qui nous le prouvent. Ne vous est-il pas venu à l'idée que c'est votre pression qui perturbe la vie de couple de Maxime ?

- Vous osez venir chez moi et m'accuser ?

- Non Madame ! Je ne suis pas chez vous ! Je suis chez ma petite fille et son mari. Je vais vous laisser. Sachez une chose : ma petite fille n'a aucune anomalie. Votre fils peut vous montrer ses examens si vous voulez. Et puis, n'oubliez pas, c'est dieu qui décide quand un enfant doit arriver, pas vous. La preuve, vous avez chassé ma petite fille et l'avez remplacée par une autre. Il y a un moment qu'elle est ici. Vous ne trouvez pas curieux qu'il n'y ait pas l'ombre d'une grossesse à l'horizon ? Ça donne à réfléchir. Pensez-y. Et surtout, prenez bien soin de vous. Je crois savoir que vous êtes très malade.

Odile se redresse, mais ne dit rien. Atina sort de la villa, contente d'avoir réussi à passer son message.

... A peine Odile aperçoit Maxime qu'elle explose :

- Pour qui se prend cette villageoise, pour venir ici et me donner des leçons ?

- De qui parles-tu ?

- D'Atina, la grand-mère de ta femme.

- Mama Atina était ici ? Dommage ! Ruphia doit être aux anges !

- Ne me parle pas d'elle. Elle est venue ici pour me dire que c'est moi qui t'empêche toi et ta femme d'avoir des enfants. Que je vous mets trop de pression.

- Et tu en penses quoi ?

- Qu'elle débloque.

- 11 -

Ruphia goûte le bonheur d'avoir une famille aimante. Il serait complet si Maxime était de la partie.

... Du monde s'active dans sa nouvelle maison. Atina et Adolphe sont revenus avec de la main d'œuvre : les garçons et même Belle. Quelles émouvantes retrouvailles ! Oncle Claude est là aussi. La bande se trouve déjà à l'intérieur, mais lui, reste là, planté dans la cour.

Comme la vie est bizarre, se dit Ruphia en l'observant de loin. Voilà que cet homme qui m'avait tant fait souffrir, battue, insultée, persécutée se retrouve là, devant ma porte, l'air désorienté, presqu'apeuré.

Soudain, les propos du psychologue qu'elle avait consulté à leur arrivée au Gabon lui reviennent en mémoire :

- ... Dis-moi, tes rêves sont très agités et tu pleures souvent la nuit ?

- Oui. Je n'arrive pas à oublier oncle Claude, un vrai monstre.

- Ah ! En quoi est-il un monstre ?

- En tout. Il me frappait, m'insultait tout le temps... Quand je serai grande, je retournerai au Cameroun et j'irai le tuer de mes mains.

- Et après ?

- Peut-être qu'on me mettra en prison ou alors on comprendra pourquoi je l'ai fait.

- Ma petite, tu sais, la loi, c'est la loi. Tu tues quelqu'un, tu vas en prison. Et en allant en prison, tu coupes avec la vie normale. Tu ne peux plus être avec les personnes qui t'aiment... C'est cette vie là que tu veux avoir ?

- Non ! Alors comment faire ?

- Le pardon mon enfant, le pardon. C'est là la clé de ton bonheur.

- Et comment pardonner ?

-...

Atina s'approche d'elle. Ruphia sursaute. Elle lui fait un clin d'œil en direction de l'oncle Claude. Ruphia comprend ce qu'elle attend elle : lui ouvrir la porte de son cœur et de sa vie tout court.

- Allez tonton Claude, viens avec nous. Lui dit-elle en le prenant par le bras. On oublie tout hein et on recommence à zéro, d'accord ?

Claude acquiesce d'un signe de tête. En milieu d'après-midi, il parait plus détendu, au grand soulagement et à la joie de tous.

Tandis que Claude, Adolphe et les garçons s'affairent à agencer les machines, Ruphia, Belle et Atina se rendent en ville. Au détour d'une route, elles rencontrent Georges :

- Décidément ! S'exclame t-il...

Georges poursuit sa route.

- Hé ! Qu'est-ce qui se passe entre vous ? Demande Atina.

- Rien !

- Ma fille, ce n'est pas ce que son regard dit.

Belle approuve.

- D'abord qui c'est ?

- Quelqu'un.

- C'est tout ? Un étudiant ?

- Non, il est agent de circulation.

- Et il t'intéresse ?

- Il a l'air gentil.

- Tu ne réponds pas à ma question. Tu as des sentiments pour lui ?

- Euch... Je ne sais pas trop. Je suis une femme mariée.

- Plus que sur les papiers. S'exclame maladroitement Belle.

- Ne tarde pas trop à savoir. Il est amoureux de toi, c'est évident. Pas la peine de lui donner de faux espoir.

- Ok, je vais réfléchir.

... Le carrefour est bondé comme toujours. En apercevant la jeune femme, Georges abandonne momentanément son poste. Ce qui n'est pas du goût des passants qui, comme à chaque fois, se sont attroupés, pour assister au show quotidien qu'il leur offre :

- Hé, toi là ! Tu vas où ?

- J'arrive !

- Hé, reviens ici ! Nous n'avons pas de temps à perdre !

Ignorant ces injonctions, Georges traverse et rejoint Ruphia et son amie.

- Dis Ruphia, ça te dit qu'on se voit après demain après le travail ?

- Mais où ?

- Dans le bar d'en face.

- Moi, dans un bar ? Je ne crois pas.

La foule insiste :

- Hé, arrête de draguer et reviens ici !

- On ne te paie pas pour draguer !

- Eh vous deux là, vous n'avez rien d'autre à faire ?

- Rentrez chez vous !

... Et les passants continuent de gueuler, tandis que Georges poursuit sa causerie.

- A cause de tous ces dragueurs en mal d'occupation ?

- En effet.

- Je te comprends, mais ce n'est pas ce que tu crois. Je connais bien le propriétaire. Je le préviendrai et il veillera à ce que personne ne te dérange. D'accord ?

Ruphia semble soulagée.

... Assis sur de longs bancs, les clients sirotent leur bière dans une ambiance de fête,

Ruphia entre discrètement dans le bar. Instinctivement, la plupart abandonnent leur occupation favorite. Et les voilà, la fixant avec convoitise.

- Hé, messieurs ! Vous n'avez rien d'autre à faire ? Occupez-vous de vos verres !

Les consommateurs reprennent leur conversation. Juste à ce moment là, Georges fait son entrée, se dirigeant joyeux vers la jeune femme.

- Dis donc, c'est toi que cette beauté attend ? Tu en as de la chance !

- Je l'espère vraiment.

- Alors bonne chance !

... Petit à petit leurs relations passent, de simples sourires, à des sorties nocturnes et des ballades au centre ville.

... Georges se révèle être un ami attentionné et gentil, réconfortant Ruphia dans ses moments de cafard et de doute. Leur relation est pour le moment platonique, situation difficile pour Georges.

Parfois, Maxime lui rend visite. A chaque fois, elle espère qu'il va lui annoncer le départ de sa mère, et à chaque fois, c'est la déception. Il serait peut-être temps de tourner la page. Se dit-elle.

Ses nuits sont longues et peuplées de regrets. Elle aime toujours Maxime. Elle pleure souvent. C'est vraiment difficile.

... Ruphia et Georges sont allés au cinéma aujourd'hui. Dans le taxi qui les ramène, le corps de Ruphia est en feu. Elle se laisse embrasser dans le cou, mordiller l'oreille. De temps en temps, le regard avide du chauffeur dans le rétroviseur trahit son désir ardent, de suivre la scène plutôt que de surveiller la route devant lui.

Ses jambes tremblent. Elle tente d'introduire la clé dans la serrure. Elle lui glisse des mains et tombe par terre. La porte s'ouvre enfin, laissant s'échapper ses scrupules. Georges est déjà torse nu, dévoilant un alignement de tablettes de chocolat luisant sous la lumière feutrée de la lampe de chevet.

Ruphia tente une dernière fois de se retenir, mais la fougue et l'étreinte serrée de

Georges l'entraînent doucement vers des sensations oubliées.

Le matin :

- Dis, ça t'a plus ? Demande Georges.

- On n'aurait pas dû !

- Pourquoi ?

- C'est compliqué.

- Au contraire, maintenant qu'on est ensemble, tu devrais penser à demander le divorce. Tu verras, tout ira bien. Je tiens à toi.

Ruphia ne répond pas.

... Georges se montre petit à petit possessif. Il souhaite maintenant aménager avec Ruphia. Elle refuse :

- Tu as quelqu'un d'autre ?

- Non.

- Alors, pourquoi tu refuses ?

- Je ne suis pas prête.

- Prête pourquoi faire ? On n'est pas bien ensemble ?

- Si, si !

- Moi, la situation ne me convient pas. Je veux vivre avec toi pour de bon.

- Il va falloir t'en contenter pour l'instant. C'est tout ce que je peux t'offrir.

... Georges a de nombreux copains avec qui il passait beaucoup de temps ensemble. Depuis que Ruphia est entrée dans sa vie, il les voit un peu moins. A ces occasions là, la conversation tourne encore et encore autour de Ruphia :

- Alors, elle va bien ta jolie princesse ?

- Une vraie perle ! Où l'as-tu dénichée ?

- Elle n'a pas de sœur par hasard ?

Et ça continue pendant des minutes et des minutes. Ce qui au fil du temps, commence sérieusement à l'agacer.

... Ce week-end là, Ruphia et Georges sont conviés au un mariage d'un de ses collègues. Ruphia est resplendissante. C'est sa première sortie officielle avec Georges et aussi sa première sortie sans Maxime.

A la réception, nombreux sont ceux qui fixent la jeune femme. Il faut dire qu'elle a une garde robe impressionnante. Elle fait sensation. Tous les regards sont fixés sur elle.

Les compliments fusent de toute part. Ruphia distribue des remerciements. Quelques téméraires maladroits, allant même jusqu'à dire que Georges ne la mérite pas.

- Ruphia, on s'en va !

La voix de Georges est peu amène. Elle est dure. Ruphia le regarde étonnée.

- Mais la fête ne fait que commencer. Dit un collègue.

- Il faut vraiment qu'on y aille !

- Attendez au moins le gâteau.

- Non, je vous dis qu'il faut qu'on s'en aille. Ruphia a un souci de santé.

La surprise de Ruphia face à cette déclaration ne passe pas tout à fait inaperçue.

Un peu plus tard :

- Mais qu'est ce qui lui prend ? S'enquit la femme d'un collègue.

- Vous avez vu ? Maintenant, il nous ment insolemment.

- Il ne supporte pas qu'on complimente sa femme, c'est tout.

- En plus, il a entendu Jacques dire qu'elle est trop bien pour lui...

... Arrivés à la maison, Georges ne se déride toujours pas :

- Pourquoi as-tu prétexté tout à l'heure que je suis malade ?

- C'est évident, je voulais qu'on s'en aille.

- C'est le mariage de ton ami. Tu ne t'y plaisais pas ?

- Et toi, ça t'a plu ?

- Oui. C'était une belle fête. Dommage !

- Évidemment ; Tu n'as pas arrêté de faire ta « bordelle » en d'autres termes, ta pute, avec tes sourires provocateurs et cette façon aguicheuse de dire merci.

- Hé ! Fais attention, tu viens de m'insulter.

- Et alors ?

- Tu n'as pas le droit. Et la moindre des choses quand on te complimente, c'est dire merci.

- A bon ? Madame joue les diplomates !

- Pas du tout. C'est une question de savoir-vivre.

- Tu me traites de villageois ? Tu veux m'apprendre les bonnes manières ?

En un éclair, Georges lui envoie une gifle, la projetant sur le lit. Des minutes plus tard, le voilà, doux comme un agneau, se confondant en milles excuses et promettant de ne pas recommencer.

Le matin :

- Ce n'est pas possible ! S'exclame Ruphia, je ne peux aller à l'école ainsi !

- Je suis encore désolé. Excuse-moi. Tu peux peut-être aller dire à ta collègue de l'autre côté de la rue que tu es malade ?

Ruphia traverse la rue, en tentant de dissimuler la marque sous l'œil. Sur le pas de la porte :

- Dis, peux-tu dire à l'école que je suis malade et que je ne pourrai pas être présente aujourd'hui.

- Mais entre Ruphia.

- Non, je suis juste venue te prévenir que je suis malade.

La collègue s'empresse vers elle :

- Ce n'est pas grave au moins ? Ah mon dieu !

- Ne t'en fais pas. J'ai glissé et je me suis cognée.

- Ah, bon !

Sur le chemin du retour, elle croise une dame :

- Il t'aime n'est ce pas ?

- Quoi ?

- Je parle de ce que tu as à l'œil. Il t'a fait ça parce qu'il tient à toi.

Ruphia ne répond pas. Un peu plus loin, elle rencontre une voisine d'à peu près son âge : même réaction. Elle poursuit son chemin sans un mot.

... A l'école, ses collègues commentent :

- Il l'a encore battue je pense.

- Et alors ? Qu'elle arrête de faire sa princesse !

- Qui d'entre nous n'a pas encore été battue ?

- On dirait que c'est une découverte pour elle.

- Bienvenue dans notre monde princesse ! Ironise l'une.

- Les hommes sont comme ça. Il faut qu'elle comprenne que c'est leur façon à eux de nous prouver qu'ils tiennent à nous.

Les autres acquiescent.

- Peut-être que les gabonais eux, ne frappent pas les femmes.

- Alors ce sont des poules mouillées !

Eclat de rire collectif. Et chacune regagne sa classe.

Ruphia est coupée de ses mamans depuis qu'elle a quitté la villa. Elle n'a plus les mêmes facilités téléphoniques. Pour leur parler, c'est par courrier ou alors il lui faut aller à la poste centrale pour téléphoner. Les cabines ne sont pas un endroit propice aux confidences, du coup, elle ne leur en parle pas.

... Au village, Atina et Adolphe se partagent toujours la grande maison familiale. La bonne ambiance d'antan y est revenue. Ils mènent une vie de couple, sans en être un, malgré la tendre complicité qui les lit. Le soir venu, chacun regagne sa chambre... Il arrive

souvent à Atina de penser à X, pensée refoulée
aussitôt vu le gouffre qui les sépare.

- Tu ne trouves pas que notre Ruphia est
de plus en plus épanouie ? Il serait temps
qu'elle nous présente celui qui lui fait
autant de bien.

- Je crois savoir de qui il s'agit. Nous
l'avons croisé un jour en ville l'autre jour.

- Cachotières ! Et comment est-il ?

- Bel homme.

- Plus que moi ?

- Evidemment non, petit vantard !

Propos suivi d'éclat de rire. Atina
reprend :

- Je ne pense pas qu'elle soit si heureuse
avec lui. Tu sais, le bonheur, on peut le
simuler aussi.

- Pourquoi dis-tu cela ?

- Je l'ai observée. Son regard en dit long.

- Explique-moi.

- Je peux te l'assurer. Je connais ce regard là.

- Et qu'est ce qu'il a de particulier ?

- C'est le regard d'une femme malheureuse et déchirée par le doute. Je peux même te dire qu'il la violente.

- Quoi ? Tu veux dire que ce je ne sais qui porte la main sur elle ? Alors là, j'irai l'étrangler de mes propres mains !

- Cela ne te parait pas curieux qu'elle ne nous l'ait toujours pas présenté ?

- Peut-être qu'elle a juste des scrupules. Nous sommes ses grands parents et on ne parle pas de ces choses là avec eux...

... Lors d'une visite :

- Dis Ruphia, tu es heureuse avec ton ami ?

- Comment s'appelle t-il déjà ? Lui demande Adolphe.

- Georges. Oui, ça va.

- Tu me dirais si quelque chose n'allait pas hein ?

- Evidemment. Mais rassurez-vous, tout va bien.

Atina feint de ne pas écouter, se contentant d'observer Ruphia du coin de l'œil. Avant de retourner au village, elle dit à Ruphia en aparté :

- Je crois deviner ce qui se passe ici.

- Mais, il ne se passe rien du tout.

- Mon enfant, ce n'est pas à un vieux singe qu'on apprend à faire la grimace. Rappelle-toi cette petite fille de sept ans qui, une nuit, est sortie avec sa petite couverture sans se retourner. Faire semblant, c'est anéantir tous les efforts que tu as déployés pour t'offrir une vie meilleure, loin de la violence. Quand tu seras prête pour en parler, fais-moi signe. Il suffit d'aller au stationnement et de remettre une lettre au chauffeur qui traverse le village. Il me la donnera en main propre.

Ruphia ne répond pas.

... Le temps passe, passe. Atina n'a toujours pas de lettre. Les sorties de Georges et Ruphia se terminant toujours de la même façon : des hématomes au visage, des marques sur le corps et pléthore d'excuses.

A force de lui répéter que ces marques ne sont que des preuves flagrantes d'un grand amour, et cela associé à son professionnalisme, Ruphia ne s'absente plus et ce, quel que soit son état.

Ce week end là, c'est l'anniversaire de son chef. Georges ne peut décliner l'invitation. Car, c'est ce qu'il s'emploie à faire de temps en temps. La fête a lieu au cercle municipal, un cadre qui lui rappelle les diners chics avec Maxime au Gabon.

Le plan de tables a été minutieusement préparé. Georges et Ruphia se retrouvent avec des convives étrangers à leur cercle amical. Très vite, les conversations s'orientent vers les voyages. Georges n'est jamais sorti du Cameroun. Plusieurs fois, il tente de détourner la conversation, mais à chaque fois, quelqu'un revient sur le sujet.

Ruphia répond aisément aux questions, leur contant avec joie ses séjours et voyages à Abidjan, Togo, France.

... Durant le trajet du retour, Georges ne dit mot. Le regard de Ruphia est chargé d'interrogation. Mais elle ne dit rien.

A la maison :

- Qu'est ce qui ne va pas ?

- Tu oses me le demander ? Fiche moi la paix !

- Bon, si c'est ce que tu veux.

Ruphia s'éloigne, Georges lui barre le chemin.

- Je n'ai pas fini avec toi. Ça fait quoi de me ridiculiser ainsi, hein ?

- De quoi tu parles ?

- Comme si tu ne le savais pas ! Tu n'as pas arrêté de te vanter toute la soirée avec tes voyages par ci, par là !

- Je ne me vantais pas. Je ne faisais que répondre aux questions !

- Tu aurais mieux fait de te taire. Et moi, je suis inexistant ?

- Je ne vois pas pourquoi. Je n'ai pas besoin de ta permission pour parler.

- Eh bien je vais t'apprendre à ne plus te payer ma tête !

Avant qu'elle réponde, elle reçoit un coup de poing à l'œil.

- Espèce de brute ! Lui dit-elle.

La rage de Georges décuple. Il la soulève et la catapulte contre l'armoire. Ruphia ne bouge plus. Georges panique, la croyant morte. Il court chercher un voisin et ils la conduisent à l'hôpital.

- Monsieur, c'est vous qui êtes l'auteur de ça ?

- Pas moi, mais lui. Dit le voisin en indiquant Georges.

- Vous avez de la chance. Elle s'est juste évanouie. Je vous conseille d'y aller moins fort la prochaine fois...

Le lendemain, en lui rendant visite, Julienne lui dit :

- Ruphia, il faut que tu en parles à ta famille, en plus tu as la chance d'avoir un commissaire. Georges va de plus en plus loin. La situation devient très dangereuse.

En dehors des soupçons d'Atina, les proches de Ruphia ne se doutent pas du calvaire qu'elle vit. Et cette fois, elle a vraiment eu peur.

... Le car vient de s'arrêter devant la demeure des Tenda :

- Atina est-elle là ? J'ai une lettre pour elle.

... Le lendemain, Atina arrive à Yaoundé.

- Tu sais quand j'ai trouvé le courage de quitter oncle Claude ? J'aimais m'habiller et je pense que c'est ce qui plaisait tant à ton grand père Adolphe. Il m'offrait de belles robes... Ce jour-là, je suis allée rendre visite à ma tante. Je ne l'avais pas vue depuis un moment et j'étais vraiment très contente d'y aller. J'ai donc porté une de mes belles robes.

Le soir en rentrant, de la fumée s'échappant derrière la maison attire mon attention.

- C'est quoi cette fumée ? Et où est votre papa ? M'enquis-je.

- Il est derrière la maison. Il a fait un feu.

- Bon.

Je me hâte derrière la maison. J'hallucine. Je trouve Claude assis tranquillement sur une chaise, brûlant mes vêtements. Je me précipite et attrape au vol les trois qui restent. Il me bouscule violemment. Je me cramponne à mes trois robes en pleurant. Il lâche prise.

- Pourquoi as-tu fait une chose pareille ? Lui dis-je.

- Comme ça, je vais voir avec quoi tu vas encore frimer. Maintenant, tu iras t'habiller au marché comme la plupart des femmes. C'est ainsi que, du jour au lendemain, ma garde-robe s'envola, ne me laissant que des souvenirs.

- ... A la fin, je ne supportais plus mon reflet sur le miroir. Je ne voulais plus me faire coquette... Moi aussi, on me disait : il a mauvais caractère, mais ça se voit qu'il t'aime. Tu dois juste être patiente avec lui. Ça ira bien. Faux ! Alors ressaisis-toi. C'est bien toi qui est partie une nuit sans regarder en arrière ou je me trompe ?

... Ruphia et Atina sont dans le taxi :

- Mon enfant ! Dit Atina. Es-tu consciente que tu ne pourras plus faire marche arrière ?

- Oui. C'est ce que je souhaite. J'ai été trop patiente en écoutant les femmes autour de moi. Pourtant, aussi loin que je me souvienne, pas une fois, je n'aie vu papa Aimé frapper maman Magui.

- Moi, j'ai découvert la violence avec Claude. Il était tout à fait charmant au départ. Je peux te dire aujourd'hui qu'un homme qui frappe est tout simplement fou. Et un fou, peut tuer sans forcément faire exprès.

- Et tu es quand même restée avec lui ?

- C'était uniquement pour les enfants. Je lui pardonnais à chaque fois ses dérapages et plus je pardonnais, plus c'était récurrent. Puis, je me suis découragée. Je n'avais plus envie de me battre. Petit à petit, avec l'aide de Josépha, j'ai trouvé la force de mettre un terme à tout ça. Elle était formidable. Papa Tenda et elle s'adoraient.

- En effet, elle était très bien.

- Dans ton cas, tu n'as aucune raison de supporter ça plus longtemps. Vous n'avez pas d'enfant, et en plus, tu es toujours mariée. Il t'a déjà battue, Maxime ?

- Jamais ! Il ne ferait pas une chose pareille.

- Quel gâchis ! Et tout ça à cause de sa sorcière de mère. Au fait, tu as de leurs nouvelles ?

- Pas récemment. Il semble que l'autre et lui n'ont toujours pas d'enfant.

- C'est certainement un signe de dieu. Je suis sûre qu'il regrette, mais ne sait pas comment s'y prendre pour revenir vers toi. Et toi, es-tu prête à lui pardonner s'il revient ?

- Je pense que oui. Maxime ne m'a jamais manqué de respect. Et je regrette amèrement ce qui se passe. Ce n'est pas ainsi que je voyais notre mariage. Je me suis mariée pour la vie...

Ruphia se met à pleurer. Atina lui tend un mouchoir.

- Tu l'aimes encore ?

- Plus que tout. Maintenant, je rêve même d'enfants. Je me sens prête plus que jamais. J'espère juste que ce n'est pas trop tard pour nous.

- Peut-être fallait-il en arriver là pour le réaliser. Et puis, il n'est jamais trop tard.

- Je l'espère. Je veux mettre fin à cette relation. Ça, c'est sûr.

- Je l'espère aussi. Il ne te reste plus qu'à régler une fois pour toute cette histoire et à te battre pour récupérer ton mari.

... Le taxi s'arrête devant le commissariat. X et son agent viennent à leur rencontre. X scrute le visage de Ruphia. Cette fois, l'agent s'abstient de tout commentaire, se contentant de les observer discrètement.

- Suivez-moi dit-il. Qu'est-ce qui se passe pour que tu aies une si mauvaise mine ? Et ces marques, c'est ton ami Georges qui s'est permis de lever la main sur toi ainsi ?

Ruphia signe de la tête. Discrètement, elle essuie les larmes qui coulent à présent le long de ses joues.

- Il va m'entendre ! C'est la première fois qu'il se comporte de cette façon ?

- Pas vraiment. Mais à chaque fois, il s'excuse, promettant de ne pas recommencer.

- Foutaises ! Et toi, tu n'en as jamais parlé !

Ruphia ne répond pas. Atina fait signe à X de ne pas insister et tente d'expliquer les raisons de son mutisme.

- Que voulais-tu qu'elle fasse, quand les femmes autour d'elle lui disent que c'est normal et qu'il faut juste se montrer patient ?

- Toutes des idiotes ! C'est ce qu'elles sont. Je suis un homme et je vous dis clairement que ce n'est pas normal. Ce qui est normal, c'est de protéger celles ou ceux qu'on aime. Penser qu'un homme qui frappe sa femme l'aime, relève de la bêtise.

X revient à l'accueil. Il est furieux.

- Chef, qu'est ce qui ne va pas ?

- Tu te rappelles de Georges ? Cet imbécile a osé la frapper ! Il va m'entendre celui-là ! Tu vas aller me le chercher. Et amène deux policiers avec toi.

... Il est cinq heures moins le quart. Une voiture de police vient de se garer sur le trottoir du carrefour Mvolyé. Un policier s'approche de Georges :

- C'est pour vous que nous sommes là.

Georges ne cache pas son étonnement. Sans attendre sa réaction, le policier retourne s'asseoir dans la voiture.

... Assis entre deux policiers, Georges tente sans succès de savoir le pourquoi de la situation, mais personne ne lui répond. La voiture arrive enfin au commissariat.

Georges entre dans le bureau de X :

- Hé, toi là ! Tu oses frapper ma fille ?

- Chef, c'est que...

Il n'a pas le temps de finir :

- Tais-toi ! Tu te prends pour qui ? Je pensais que tu valais quelque chose, mais en réalité, tu n'es qu'un vaurien qui frappe les femmes ! Quel goujat tu es ! Tu as osé te montrer violent envers elle ? Petit appendice d'imbécile...

- J'avais...

- Je t'ai dit de la fermer ! Tes explications idiotes comme toi-même, je ne veux pas les entendre ! Tu as de la chance qu'elle ne me l'ait pas dit plus tôt ! Je t'aurais démoli !

Georges ne dit plus rien.

- Tu vas sortir de sa vie, tu entends ? Elle ne veut plus de toi. Alors tiens-toi le pour dit. Dès cet instant, si j'apprends que tu l'as ne serait-ce que regardée, je te fais perdre ton travail et te fous en prison. Compris ?

Georges acquiesce de la tête.

- Tu as perdu ta langue ? Dis-le à haute voix imbécile !

- Oui, j'ai bien compris. Je ne dois plus m'approcher d'elle.

- Très bien. Je vois que nous sommes sur la même longueur d'ondes.

La porte du bureau s'ouvre :

- Jean, raccompagne cet imbécile hors de mon commissariat. Dit X.

... Depuis ce jour-là, plus d'hématomes, plus de bandages, au grand soulagement des élèves. Madame Ruphia est rayonnante...

Au carrefour, l'attroupement est de plus en plus dense. Georges offre maintenant un tout autre spectacle. Il ressemble de plus en plus à un automate disloqué en fin de vie, avec ses gestes désordonnés et lents...

Ruphia et son amie ont cessé de prendre le taxi au carrefour. Plusieurs fois, Georges a voulu revoir Ruphia, mais y a renoncé, par crainte de représailles. Il se saoule maintenant tous les soirs au bar d'en face, sous les regards compatissants des clients :

- Hé, arrête de boire ainsi !

- Tu sais, une de perdue, dix de retrouvées !

...

Chez Maxime, Adèle n'est toujours pas enceinte. L'impatience et les relances d'Odile la belle-mère, commencent suffisamment à plomber l'ambiance.

Ce matin-là, Maxime accompagne Adèle à l'hôpital pour des examens. En longeant le long couloir qui conduit au service biologie, ils croisent l'infirmière en charge du dossier d'Odile quand elle vient à l'hôpital.

- ... Et votre maman, comment va-t-elle ?

- Pas très bien. Comme vous le savez sans doute, ses derniers examens ont révélé un cœur en mauvais état...

- Pardon ?

- Vous semblez étonnée. Vous ne les avez pas vus ?

- De quels examens parlez-vous ? Votre mère est passée nous voir il y a quelques semaines, disant que vous étiez inquiet à son sujet. Elle est repartie rassurée. Elle est plutôt en excellente santé pour une personne de son âge. Et je peux vous garantir que son cœur est en très bon état.

- Et son hyper tension ?

- Rassurez-vous, elle n'a rien de tout ça.

- Comment ?

- Croyez-moi, je connais bien son dossier. C'est moi qui m'occupe d'elle, si son état était si alarmant, je le saurais.

... Les oreilles de Maxime n'arrêtent pas de siffler. Il n'a plus dit un mot...

De retour à la villa :

- Mère, qu'as-tu fait là ? Tu as gâché ma vie ! Tu m'as séparé de mon adorable femme ! Tu as gâché la vie d'Adèle !

Odile ne répond pas. Maxime continue :

- Et moi qui te croyais, tu m'as bien eu ! Me faire croire que tu es très malade alors que tu n'as rien... ! Comment fais-tu pour dormir avec tout cela sur la conscience ?

Maxime balance sur la table une copie des résultats de divers examens :

- Tu te crois plus maligne ? Et maintenant, qu'as-tu à dire ? Tu as perdu ta langue ? Prends tes affaires et sors d'ici !

- Mais, fils !

- Arrête ! Tu as dépassé les bornes. Il est temps que tu retournes chez toi et tout de suite.

Adèle observe la scène depuis le début, se tenant à l'écart, sans un mot. Maxime se tourne vers elle :

- Et toi aussi, va faire tes bagages ! Je vais vous déposer à la gare routière et tenter de récupérer ma femme. Mère, j'espère pour toi que ce n'est pas trop tard. Car le cas échéant, tu n'auras plus de fils !

... La nuit vient de tomber. Ruphia comme tous les soirs termine à peine sa prière, le cœur chargé de tristesse :

Toc ! Toc !

- Toi, que fais-tu là ?

- Je viens de mettre les deux sorcières à la porte. Lui dit Maxime.

- De qui tu parles ?

- De mère et Adèle !

- Pour quelle raison ?

- Tu avais raison depuis le début. Mère simulait, elle n'a aucun souci de santé.

Ruphia ne dit mot, regardant Maxime fixement.

- Je suis venu te demander pardon et espère que ce n'est trop tard. Tu crois que j'ai encore une chance ? Tu as quelqu'un ?

- Non.

Un vent d'espoir envahit Maxime.

- Je sais que je t'ai fait beaucoup souffrir. Alors, punis-moi, frappe-moi, fais-moi ce que tu veux, mais je ne te quitterai plus jamais. Je veux que nous reprenions notre vie. Je ne partirai pas d'ici sans une promesse ferme de ta part...

Ruphia a tant attendu ce moment qu'elle ne sait quoi dire. Elle se tient là, le regardant les yeux grands ouverts, sans dire un mot, laissant s'élargir lentement l'entrebâillement de la porte.

… Sur le lit, plus tard dans la nuit, leurs corps ne forment plus qu'un. Tous deux se laissant aller, avec sensualité, dans l'infiniment doux et tendre…

Ruphia et Maxime sont de nouveau ensemble, à la grande satisfaction de leur personnel. Quant à Adèle et la belle-mère, personne n'a de leur nouvelle. On sait cependant par ouïe dire qu'Odile et la mère d'Adèle sont devenues des ennemies.

… Ruphia et Maxime aménagent dans leur nouvelle villa. Quel chahut ! Ce week-end-là, ils organisent une petite fête, afin de partager le calme après la tempête.

Pour l'occasion, Belle s'est copieusement servie dans la garde-robe de Ruphia. Elle brille. Parmi les invités, il y a Roland, un diplomate Belge nouvellement affecté au Cameroun dans le département de Maxime. Il est divorcé et parle plusieurs langues.

- Belle ! Lui dit Ruphia. Je te présente Roland, un collègue de Maxime. Il dit beaucoup de bien de lui. Pour l'instant, il connait peu de monde, alors je te le confie...

L'ambiance est bon enfant, loin des frasques protocolaires. Quelqu'un improvise une danse. Une à une, d'autres personnes arrivent sur la piste, le jardin se transformant en boîte de nuit...

- Hé, regarde-les ! Comme ils ont l'air de bien s'entendre. Dit Maxime à Ruphia à propos de Roland et Belle.

- On dirait bien. C'est peut-être un peu tôt.

- Evidemment. Mais, il la regarde comme si elle était la huitième merveille du monde.

... Du temps a passé et aujourd'hui, Roland fait partie de la famille.

Belle et ses frères sont installés dans la maison de Ruphia depuis plusieurs mois déjà. Les formations qu'ils suivent sont en étroite adéquation avec le projet d'atelier : un en comptabilité, deux en confection tous sexes confondus et Belle en broderie et commerce. Ils sont plutôt doués.

Adolphe et Atina supervisent le travail à distance. Avec Claude, ils ont bien redressé les affaires des Tenda et redoré le blason de la famille. Claude est enfin heureux en couple.

Adolphe aussi nage dans le bonheur depuis qu'il a rencontré Pauline. Elle s'entend très bien avec Atina. Cette dernière étant devenue une personnalité incontournable dans la famille Tenda.

... Ruphia est de nouveau en contact régulier avec ses mamans. Elle pétille. Quel bonheur d'avoir tout ce monde autour d'elle. Maxime est plus amoureux que jamais.

Ce matin-là :

- Dis, ça ne te manque pas, les nouvelles de ta mère ?

- Je te mentirai en disant non. Qu'elle reste loin de nous pour l'instant. Elle m'a trop déçu et elle t'a fait trop de mal.

- Je comprends. Mais il faudra tôt ou tard le lui pardonner.

- Je sais.

Maxime entretient d'excellentes relations avec Adolphe, Claude, Atina et leurs enfants. Ce sont les seuls qu'il connait pour l'instant. Il attend l'arrivée de Louise et Annie pour aller remettre l'enveloppe en guise de dote.

D'après la décision prise par Adolphe et Atina, Magui et Aimé recevront une partie de la dote. Ils leur ont d'ailleurs rendu visite dernièrement à ce sujet. Ce jour-là, c'était la fête à Tuna.

... Le destin de Ruphia alimente plus d'un fantasme chez les jeunes filles de Tuna et les villages environnants. Toutes cherchant la recette adéquate pour réussir leur vie comme elle.

Ce à quoi Magui réagit à chaque fois :

- Vous savez, chacun a son destin et on ne peut rien y changer. Le plus important, c'est de poursuivre sa route, agir et attendre le résultat. Il faut savoir être patient, car le résultat n'arrive pas toujours au moment précis où on le souhaite.

... Alain le chauffeur de Maxime entre précipitamment dans le hall de l'aéroport. En consultant le panneau des arrivées, il constate avec satisfaction qu'il a même cinq minutes d'avance sur l'avion en provenance de Libreville.

Les embouteillages au carrefour de la poste centrale, lui ont fait craindre le pire. Ruphia et Maxime, eux, ne sont pas encore arrivés.

La veille, Ruphia lui a montré les photos de Louise et Annie. Normalement, il n'aura aucun mal à les reconnaître.

... Un premier couple franchit la barrière de la douane, Alain reconnait immédiatement Annie. Puis, un deuxième, c'est Louise.

- Je suis Alain, le chauffeur de Maxime. Leur dit-il en s'approchant. Vous êtes Mama Louise et vous Mama Annie.

- Et ces deux-là sont nos maris. Ajoute Louise en lui souriant.

- Les patrons ne sont pas encore arrivés. Suivez-moi, il y a quelqu'un qui s'occupe de vos bagages. Ne vous en faites pas.

Comme elles ont de l'allure ! Des personnes se retournent sur leur passage.

- Les voilà ! S'exclame Annie en apercevant Ruphia.

Au terme des étreintes interminables, le petit groupe sort de l'aéroport.

... Tout en scrutant le paysage et en servant de guide à leurs époux, Louise et Annie ne tarissent pas de commentaires. La voiture arrive enfin dans la villa.

Quelles retrouvailles ! Il est deux heures du matin et personne ne dort, il y a tant à dire, sur le pays, Yaoundé, le village... Louise et Annie ont un programme un peu chargé pour leurs quinze jours de vacances.

Les trois premiers jours chez Ruphia. Elles en profiteront pour aller voir X. Elles iront ensuite rendre visite à leurs familles respectives. Elles reviendront ensuite chez Ruphia et tous ensemble, ils iront remettre la dote. Une occasion qui leur permettra de connaître la famille de Ruphia au grand complet.

... Atina, Adolphe et Claude attendent avec une solennité exceptionnelle, les anges gardiens de leur petite fille. Que serait-elle devenue, sans cette belle rencontre ? Une question qu'Atina s'est souvent posée, mais à laquelle elle n'a toujours pas trouvé une réponse.

... Quatre voitures attendent devant le portail. Ruphia, Maxime et deux de leurs employés montent avec Alain. Louise et Annie en occupent deux. X est venu avec son propre chauffeur et ils ont pris trois membres de la famille de Maxime. Dans la quatrième, encore des tantes et oncles de Maxime. Le cortège se met en route...

Chez les Tenda, du monde s'active. La cérémonie s'annonce grandiose. Magui et Aimé viennent d'arriver. Tous les enfants sont présents. Belle et Roland sont arrivés la veille. Ils vivent ensemble depuis peu et comptent officialiser leur relation très prochainement.

... Devant foule immense, Adolphe, le chef de famille, brosse rapidement l'histoire de la famille Tenda, s'attardant longuement sur le parcours de Ruphia et sa fierté de connaître enfin Louise et Annie.

Dans son allocution, il présente officiellement Aimé et Magui qu'il considère comme les parents de Ruphia, les félicitant pour la bonté dont ils ont fait preuve et la bonne éducation qu'ils lui ont inculquée.

Adolphe termine en exprimant sa gratitude à sa petite fille, pour sa grandeur d'âme, l'amour qu'elle porte pour les siens et pour son projet d'atelier, lequel a permis à plusieurs jeunes de la famille de se former à un métier spécifique.

Dans la cour bondée et animée, Maxime fait son entrée officielle dans la famille Tenda. Adolphe lui indique une chaise placée au milieu de la cour. Un à un les membres de la famille Tenda et les chefs traditionnels présents viennent lui faire une accolade, posant systématiquement un cadeau à ses pieds. Présentation suivie de danse traditionnelle au rythme des balafons.

... Dehors, la fête bat son plein. Les convives peuvent se restaurer à leur guise. Les invités prennent conscience de la grandeur des Tenda. Comme on est loin de l'époque des drames ! Ruphia en est très émue.

Pendant ce temps, Adolphe, Claude, Atina, Aimé et Magui se sont retirés dans la maison de Claude. Adolphe sort une grande et volumineuse enveloppe qu'il tend au couple en leur disant :

- Ruphia est aussi votre enfant. Voici votre part.

Jamais le couple n'avait imaginé avoir un jour autant d'argent. Aimé est sur le point de faire un malaise.

... Louise et Annie sont retournées non sans nostalgie au Gabon. Leurs époux sont contents. Ils ont pu découvrir un pays jusque-là inconnu et avoir un aperçu des coutumes locales. Ils n'ont pas arrêté d'en parler.

La dernière soirée avec X leur a permis de découvrir que sous cette carapace de gros dur, se cache un homme de cœur. Ils l'ont invité au Gabon. X a promis d'y réfléchir.

Quant à Aimé et Magui, leur vie a bien changé depuis. Ils ont inscrit leurs enfants dans des centres de formation et sont en train de construire une nouvelle maison. Ils ont aussi refait les tombes des parents de Ruphia à la grande surprise de cette dernière.

Aimé a ouvert un bar au centre du village avec l'accord du chef de village. La mobilisation a été spontanée. Le bâtiment a été construit en un mois. Depuis, il ne désemplit pas. Aimé emploie les orphelins du cousin cocu, toujours en prison. Un geste salué par tous au village.

... Depuis la cérémonie au village, Ruphia et Maxime semblent avoir entamé une lune de miel sans fin.

Ce matin-là, à l'heure du petit déjeuner, à peine Ruphia avale la première gorgée de chocolat qu'elle se précipite aux toilettes... Elle a rendez-vous avec Belle en ville :

- Hé, comme tu es pâle ! Lui dit-elle.

- Je crois que c'est à cause du chocolat.

- Dis, tu ne serais pas par hasard enceinte ?

- Je ne pense pas. C'est peut-être un début de paludisme.

- Moi, je persiste à dire que tu es enceinte. Prends rendez-vous avec ton gynéco.

Quelques jours plus tard, au cabinet du docteur :

- Madame félicitations !

- Pardon ?

- Vous êtes enceinte !

- Oh, merci mon Dieu ! Je commençais à me convaincre que j'étais stérile !

- Quelle idée !

- C'est à cause de ma belle-mère.

- Ha, les belles mères ! Ne m'en parlez pas...

- Je ne veux pas trop m'avancer, mais je crois voir deux embryons.

- Quoi ?

... Depuis, toutes les conversations tournent autour des bébés. Maxime est plus que comblé et fou d'impatience.

Bientôt quatre mois ! Un à un, les cadeaux s'amoncellent dans la future chambre des bébés depuis que la nouvelle est officielle. Avec son ventre proéminent, Ruphia se fait souvent chahuter à l'école. Elle est encore plus belle...

- Si on a une fille et un garçon, tu aimerais qu'on leur donne les noms de qui ? Demande Ruphia à son mari.

- Celui de mon père pour le garçon et pour la fille celui que tu veux.

- Dans ce cas, nous l'appellerons Louise.

- Ok.

- Et si c'était deux filles ?

- Je ne sais pas. Je te laisse faire.

- Alors, ce sera ta mère et Louise.

- Ma mère ? Après tout ce qu'elle nous a fait ? Tu m'épates.

- Ce n'est rien. Elle reste ta mère. Et puis, ne dit-on pas que le pardon, c'est la clé de la paix intérieure ?

- Merci beaucoup !

- Et si ce sont des garçons ?

- Ton père et grand-père Adolphe.

... Enfin l'arrivée des jumelles ! Avec leurs enfants Odile et Louise, Ruphia et Maxime forment une famille heureuse, où il fait bon de vivre. Juste après l'accouchement, Louise est venue passée deux semaines avec eux. Puis ce fut le tour d'Annie. Maintenant, c'est Magui et Atina qui sont présentes à son chevet et s'occupent des enfants nuit et jour. Les deux s'entendent à merveille.

Dans l'euphorie, Ruphia et Maxime déclarent qu'ils souhaitent avoir cinq enfants. Ce qui amuse Atina et Magui :

- Hé vous deux ! Attendez d'avoir fini avec celles-ci, on verra si vous aurez encore assez d'énergie. Regardez-les, comme elles gigotent, vos deux phénomènes !

... Quelques mois après l'accouchement de Ruphia, Belle et Roland leur annoncent qu'ils attendent à leur tour un enfant. A la même période, ils apprennent qu'Odile, la belle-mère, est sérieusement malade cette fois.

... Sur son lit d'hôpital :

- Comment ça va maman ? Lui demande Ruphia.

- Je suis encore en vie par la grâce de dieu.

- Nous sommes venus te présenter tes petites filles. Voici Odile, ton homonyme et voici Louise.

Odile fond en larmes. Pendant un long moment, elle n'ose les regarder.

- Tu veux les porter ?

Elle signe de la tête, les yeux toujours baissés.

- Mes enfants ! Dit-elle. Pardonnez-moi tout le mal que je vous ai fait. Regardez, je m'en vais, au moment où mes petites filles arrivent. Ces petits enfants que j'ai tant réclamés, au point de faire autant de mal... Voilà une punition bien méritée.

- Maman, nous t'avons déjà pardonné, sinon, nous ne serions pas là.

... Ruphia et Belle viennent souvent lui rendre visite. L'autre jour, en rentrant, elles croisent Adèle. Celle-ci tente de s'enfuir :

- Adèle, ne partez pas ainsi. Lui dit-elle.

- Qui est-ce ? Demande Belle.

- La fille qu'Odile avait mise dans le lit de Maxime pour lui faire des enfants. La suite, tu la connais.

- Et qu'est-ce que tu lui veux ?

- Savoir comment elle va.

- Ça ne te concerne plus.

- Si, elle est juste une victime. Si elle était méchante, elle ne serait pas venue lui rendre visite.

Adèle s'arrête à une juste distance, l'air méfiant. Ruphia s'approche :

- Comment allez-vous ?

- Couci, couça. Et vous ?

- J'ai eu des jumeaux, il y a quelques mois.

- Tant mieux pour vous. Félicitations ! Et Odile qui me disait...

- Oublions-la. Il faut lui pardonner. Et que comptez-vous faire ?

- A vrai dire, je ne sais pas encore, j'ai trop honte.

- Voici mon adresse. N'hésitez pas à me contacter si vous avez besoin d'aide.

- Est-ce à dire que vous ne m'en voulez pas ?

- C'est justement cela. Je n'ai aucun problème avec vous.

- Merci beaucoup.

Deux semaines plus tard, Odile s'en alla paisiblement.

... De nombreux invités assistent au baptême des jumelles. La famille de Ruphia au complet est au rendez-vous. L'accoutrement de Magui et Aimé contraste un peu avec le reste, mais qu'importe. La famille du Gabon est présente aussi et c'est avec une grande fierté que Ruphia présente les siens.

Depuis le début, X et Atina échangent des regards complices. Ce qui s'intensifie depuis qu'il sait qu'Adolphe et elle ne sont pas en couple...

Tous deux discutent à bâton rompu. De temps à autre, Ruphia se demande ce qu'ils peuvent bien se dire. Tard dans la soirée, Atina vient la trouver :

- Tu ne m'en voudras pas si je m'absente cette nuit ?

- Pour aller où ? Lui dit-elle, coquine.

D'un signe de tête, elle lui indique X faisant les cent pas dehors en fumant une cigarette.

- Tu as ma bénédiction. C'est mon petit papa, alors tu prends bien soin de lui, hein ?

Puis, s'avançant un peu plus :

- Bonne nuit commissaire !

Et sans attendre, elle disparait dans la foule.

Depuis ce fameux soir, Atina et X se voient régulièrement. Il est même venu demander à Ruphia l'autorisation de se marier avec elle. Les Tenda lui ont ouvert largement les bras.

... Dans l'atelier de Ruphia, les employés s'activent pour honorer des commandes de plus en plus conséquentes. La dernière recrue, Adèle vient d'intégrer l'entreprise, après une formation de deux ans en art graphique, entièrement payée par Ruphia.

Chaque fois, qu'on lui demande :

- Vous la connaissez d'où ? Vous êtes une parente ?

Adèle répond :

- Elle est juste un fabuleux cadeau du destin...

Epilogue

Je me souviendrai toujours de Madame Ruphia, une ouvrière du bien, à la voix d'ange.

Une chanson qu'elle affectionnait particulièrement fredonner résonne à ce moment précis dans ma tête. Elle a tant œuvré à rendre ce monde meilleur, et ce, jusqu'à sa mort il y a environ quinze ans !

Raconter son histoire, m'a fait prendre conscience de plusieurs choses :

Que derrière chaque être, se cachent des drames. Cependant, avons-nous raison,

De battre sous prétexte qu'on nous a battus ?

De martyriser sous prétexte que nous avons été sous le joug de bourreaux ?

D'abuser d'insultes sous prétexte qu'on nous a insultés ?

De ne rien faire de notre vie sous prétexte que nous avons eu une enfance difficile ?...

Et que, finalement, nous avons toujours le choix de faire le bien ou le mal. De bien ou de mal faire. De faire ou de nous croiser les bras.

Que notre vie n'est pas linéaire. Elle est rythmée par des périodes quiètes et des temps de turbulences. Et que nous avons tous nos cycles de faiblesse ou de baisse de combativité.

Qu'à ces moments-là, nous devons nous appuyer sur nos défis antérieurement réussis et sur les personnes bienveillantes que nous rencontrons sur notre chemin, pour rebondir. Car, les trésors que nous avons amassés pour nous en sortir ces jours-là, sont toujours enfouis en nous, telles des tâches indélébiles.

Que le chemin de chacun est ponctué d'anges. Ces personnes qui nous viennent en aide sans même nous connaître et qui nous sauvent de l'enfer, du chaos. Parfois, nous les ignorons, enfermés dans notre ressenti négatif, aveuglés par l'entêtement, la stupidité et l'orgueil...

Que la reconnaissance et le pardon ouvrent les portes du bonheur.

La reconnaissance, c'est cette sagesse qui nous empêche de mordre la main qui nous a nourris et soutenus, quand nous étions dans le besoin et la détresse.

Le pardon, c'est l'acceptation des imperfections et des faiblesses de l'autre, tout en mettant à l'abri notre équilibre mental, physique et notre dignité.

La reconnaissance, tout comme le pardon, ne mangent pas de pain. Ils ne délestent pas le compte en banque. Au contraire, ils sont bienfaisants, apportent de l'énergie, un vent de sérénité et de liberté et une disponibilité mentale, qui peuvent au final alimenter le compte en banque.

Madame Ruphia avait toutes les raisons du monde de devenir une délinquante, aigrie, méchante, de se laisser consumer par la détresse, la rancœur et les regrets, de consommer des drogues, de se suicider…, attribuant ses malheurs et ses méfaits à des parents morts trop tôt, à la misère qu'elle avait connue, à oncle Claude qui la battait et blabla et blabla…

Elle n'a rien fait de tout cela. Au contraire ! Elle a semé le bien et l'amour autour d'elle.

Puisse son histoire servir d'ancrage à tous !

RUPHIA

La lune ira dire

BETS MBANA 2017